건너가는 자

최진석 지음

익숙함에서 탁월함으로
얽매임에서 벗어남으로

건너가는 자

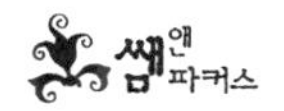

들어가며

세계의 법칙을 비추는 반야의 길

《건너가는 자》는 《반야심경》의 지혜를 탐독하는 책입니다. 그런데 왜 책의 제목이 '건너가는 자'일까요. 그 까닭은 《반야심경》이 불교라는 종교의 경전이면서 만물의 형성 원리를 다루는 동시에, 삶의 태도에 관한 철학서이기 때문입니다. 책 전반에 걸쳐 자세히 살피겠지만, 삶의 태도에 관하여 《반야심경》은 정말 거칠게 축약하자면 항상 '익숙한 이곳에서 새로운 저곳으로 건너가는 삶의 태도'를 말한다고 해도 과언이 아닙니다. 이곳에서 저곳으로 건너간다는 말이 무엇인가 싶으시겠지만, 우선 조금은 뜬금없이 물리학 이야기를 해볼까 합니다.

물리학은 세계의 물리 법칙을 탐구하는 학문이지요. 세계의 법칙이라 부르는 만큼, 과학도가 아닌 일반인들은 물리학 이론을 고정불변에 가까운 것으로 여기기도 합니다. 하지만 과학 이론의 최전선에서는 기존의 이론과 이를 전복하려는 새로운 관점들이 제시되고 치열한 패러다임 전환을 노리며 지금도 이론의 각축장이 펼쳐지고 있지요. 이런 과정을 거치며 기존 이론이 유지되거나, 수정되거나, 혹은 완전히 뒤바뀌기도 하고요.

우리는 오감, 눈으로 보고 귀로 듣고 코로 냄새 맡고 혀로 맛보고 피부로 닿는 것을 느끼는 세계에 살고 있습니다. 이런 세계를 물리학에서는 거시세계라고 부릅니다. 그러니 물리학의 관점에서 보자면 저희는 거시세계를 살아가는 셈입니다.

거시세계에서 작용하는 운동의 법칙을 첫 번째로 정립한 이가 뉴턴입니다. 이를 '고전역학'이라고 부르고요. 이 고전역학은 우리가 보고 듣고 맛보고 냄새 맡고 닿는 세계의 운동 법칙을 이해하고 해석하는 데에 훌륭한 틀이 되어줍니다. 더 나아가 거시세계의 운동 법칙에 시간과 공간의 통합, 물질과 에너지의 통합까지 이룬 이론이 그 유명한 아인슈타인의 '상대성 이론'이고요.

거시세계가 있다면 미시세계도 있겠지요. 미시세계란 원자와 원자 사이의 세계, 즉 우리의 오감으로 느낄 수 없는 작디작은 세계를 뜻합니다. 이 원자와 원자 간의 운동은 우리가 직접 느낄 수 없는 동시에, 거시세계의 고전역학이나 상대성 이론으로는 온전히 해석할 수 없는 현상들이 관찰되지요. 그래서 미시세계의 운동 법칙에는 또 다른 이름이 필요합니다. 그 이름이 바로 '양자역학'입니다.

상대성 이론도 그랬지만 양자역학은 등장 그 자체로 과학계에 엄청난 충격을 줬습니다. 물리학의 패러다임이 전환되며 세상을 바라보는 관점이 완전히 달라진 것이지요. 양자역학이 작용하는 미시세계는 온전히 이해할 수 없을 뿐 아니라, 이 세계에서는 인간의 감각과 직관으로 납득하기 어려운 현상이 관측되기 때문입니다.

이를테면 어디선가 한 번쯤은 들어봤을 '빛은 파동인가 입자인가' 하는 질문이 있지요. 고전역학에 따르면 파동과 입자는 그 성질이 현격히 달라 두 성질을 동시에 지닐 수 없습니다. 그래서 역사적으로 빛이 파동인지 입자인지에 관한 숱한 논쟁이 있었습니다. 그런데 양자역학의 관점으로 보니 빛은 파동과 입자의 성질을 모두 지니고 있다는 게 아니겠습니까. 다만 이 두 성질을 동시에 띠는 것은 아니고 상황에 따라 파동이 되기도 하고, 입자가 되기도 한다고 합니다. 이것이면 이것이고 저것이면 저것이어야 하는데, 때에 따라 이것이 되고 저것도 되며 그 성질이 고정되지 않습니다.

또 다른 예로 '양자 얽힘'이라는 현상이 있습니다. 두 개 이상의 입자가 물리적으로 떨어져 있는 것으로 보이지만, 한 입자에 대한 작용이 다른 입자에도 즉각 영향을 미치는 현상을 뜻합니다. 이 양자 얽힘 현상을 아주 거칠게 표현해보자면, 전혀 상관없어 보이는 두 관측 대상 사이에 아직 알 수 없는 상관관계가 있다는 말입니다.

이게 도대체 무슨 소리인가 싶으시다면, 그 느낌이 맞습니다. 이 현상은 우리의 직관을 벗어나 있습니다. 하지만 관측된 결과가 그러하고 검증을 거쳐서 나온 그 결과가 그렇다고 하니, 있는 그대로 받아들일 뿐입니다. 그래서 양자역학을 두고 관측할 수는 있어도 이해할 수는 없다고 하는 것이겠지요. 여기서 한발 더 나아가 비약적으로 표현해보자면, 미시세계의 차원에서는 별개로 보이는 모든 것이 보이지 않는 방식으로 관계지어져 있다고 말해도 완전히 틀린 말은 아닐지도 모르겠습니다.

고전역학과 양자역학 이야기가 '건너가는' 태도와 무슨 상관이 있을까요. 한번 생각해봅시다. 고전역학이 전부이던 시대의 사람들이 빛의 이중성이나 양자 얽힘처럼 직관을 벗어난 양자역학을 쉬이 받아들일 수 있었을까요. 양자역학은 커녕 상대성 이론이 처음 나올 때도 쉬이 수긍하기 힘들지 않았겠습니까. 사람들은 대다수가 합의한 '이곳'에 살고 있습니다. 뉴턴이라는 천재가 정립한 고전역학의 세계에 살고 있다 할 수 있지요. 이런 세계에서 아인슈타인이라는 사람이 어디선가 나오더니 고전역학은 충분하지 않고 상대성 이론이라는 게 있다고 뜬금없이 주장한다면, 대다수는 그 사람을 '이상한 놈'이라고 부르지 않겠습니까.

한참이나 지난 지금의 관점으로 보면 그 과정 전체가 자연스러운 과학의 발전으로 보입니다. 하지만 그 당시에는 치열하기 그지없는 논의와 검증을 거듭 거치고서야, 겨우

이 이론에서 저 이론으로 건너가는 과정을 거치게 되지요. 물리학의 패러다임 전환을 예로 들었지만, 이는 물리학에서만 일어나는 건너감이 아닙니다. 세상의 그 어떤 영역에서든 적용됩니다. 매번 대다수가 합의를 이룬 영역에서 새로운 영역으로 넘어갈 때면 항상 나오는 반발이지요. 그러니 이곳에서 저곳으로 건너가려는 이는 이런 반발을 순교자에게 쓰인 멍에처럼 이고 가야만 합니다. 삶의 지침을 가득 담은 《반야심경》은 바로 이러한, '건너가는' 태도에 관해 이야기합니다.

물리학으로 이야기를 시작한 까닭은 '건너가는' 태도와 연관 있을 뿐 아니라, 언급한 양자역학의 현상이 이 책에 걸쳐서 전반적으로 살펴볼 《반야심경》의 내용과 공명하는 점들이 있기 때문입니다. 공空에 관한 공부 역시 양자역학처럼 감각과 직관으로 쉬이 이해되지 않는 면이 있습니다. 또 재미있게도 《반야심경》과 양자역학 사이에 상당한 유사점이 발견되기도 하고요.

이 또한 책 전반에 걸쳐 자세히 다룰 테니 간단하게만 한 번 살펴봅시다. 불교에서 말하는 공은 '무엇도 그것을 그것이게 하는 성질을 근거로 존재하는 것이 아니다, 원래 그러한 성질인 것은 없다'라는 말입니다. 즉 본무자성本無自性이라는 말을 기호로 나타낸 것이 공입니다. 무엇도 그것을 그것이게 하는 성질을 근거로 존재하는 것이 아니니, 없는 것에서 무언가가 생기는 것이 아니라, 인연에 따라 잠시 관계를 맺고 얽혀 있을 뿐이라는 말이고요. 다시 말해 독립적으로 존재하는 무엇은 없고, 오로지 관계 맺고 엮이는 방식에 따라 잠시 그것으로 존재한다는 개념이지요. 이를 불교의 용어로 인연생기因緣生起라 합니다.

그런데 이 공과 인연생기에 관한 이야기를 짚어서 살펴보면, 앞서 설명한 빛의 성질에 관한 이야기와 비슷한 면이 많아 보이지 않습니까. 빛 또한 파동도 아니고, 입자도 아니라 했으니 고정된 성질이 있는 것이 아니지요. 다시 말해 파동도 입자도 원래 빛의 성질이라 할 수 없으니, 원래 그러한 성질은 없다는 공의 개념과 상통합니다.

거기에 각 상황에 따라 빛이 파동이 되기도 하고 입자가 되기도 한다고 했으니, 이가 곧 관계 맺고 엮이는 방식에 따라 잠시 그것으로 존재한다는 개념, 즉 인연생기라 할 수 있지 않겠습니까. 그리고 이 인연생기는 결국 독립적으로 존재하는 것이 없고 무언가에 미치는 영향이 관계에 따라 다른 것들에도 영향을 끼친다는 말이니, 잠깐 살핀 양자 얽힘이라는 물리학의 개념과 그리 크게 달라 보이지 않습니다.

비단 공과 인연생기뿐 아니라, 불교의 가르침과 양자역학 간에는 상당한 맥락적 유사성이 있습니다. 이 유사성에 초점을 맞춘 연구가 물리학계와 불교계 양측에서 다양한 방식으로 이뤄지고 있다는 것도 흥미로운 점이고요. 그러니 이 물리학의 개념으로 앞서 말한 《반야심경》의 정수 한 조각, '건너가는 태도'에 관해 풀어볼 수도 있겠습니다. '내'가 시간과 공간이라는 현실적인 제약에 얽매이지 않고, 또 '나'라는 개별적인 개체에 매몰되지 않은 채로, 관계의 연속선상에서 존재하는 '나'를 인지할 때, 참된 '건너감'으로써 삶의 도약을 이룰 수 있다고요.

물리학과 불교의 상관성은 이처럼 흥미로운 해석도 가능하게 해줍니다. 하지만 물리학과 불교의 맥락적 유사성에 지나친 의미를 부여해서도 안 됩니다. 지나친 의미 부여로 불교의 가르침이 근본적인 세계의 법칙을 품고 있다는 식으로 과잉 해석하는 우는 범하지 않아야 합니다. 이는 동시에 물리학의 입장에서도 항상 조심스레 접근하는 점입니다.

그럼에도 불구하고 양자역학의 정립에 결정적으로 기여한 물리학자 닐스 보어의 이야기는 양자역학과 《반야심경》 사이의 친밀성을 잘 보여줍니다. "양자 세계는 존재하지 않는다. 양자에 대한 추상적인 설명만이 있을 뿐이다. 물리학의 임무가 자연이 어떠한지 기술하는 것이라고 생각하는 것은 잘못이다. 물리학은 자연에 대해 우리가 무엇을 말할 수 있는지를 다룰 뿐이다."(《나 없이는 존재하지 않는 세상》, 쌤앤파커스, 55쪽)

그렇지만, 아무리 그래도 역시 놀랍지 않습니까. 고타마 싯다르타는 인류가 철을 겨우겨우 다루기 시작하던 2,500여 년 전에 무수히 태어난 인간 중 한 명에 불과합니다. 그렇게 미약하기 짝이 없는 한 개인이 직관하고 통찰하고서, 즉 깨닫고서 설법한 바가 아득한 시간을 건너 오늘날에도 가장 보편적인 종교적 가르침 중 하나로 사람들에게 울림을 주고 있습니다. 그 가르침이 이에 그치지 않고 2,500여 년의 시간을 지나서야 차츰 밝혀지고 있는 세계의 법칙과 일맥상통한 면이 있다는 점은, 그 자체로 의미심장합니다.

《반야심경》에 세계의 법칙이 담겨 있다고 말하기는 조심스럽습니다만, 이렇게 말해볼 수는 있겠습니다. 고요한 수면에 달이 비칠 때면 수면에서도 비친 달을 볼 수 있듯, 《반야심경》에도 세계의 법칙을 비추는 부분이 있다고요. 고요한 수면에 달이 비친다고 수면 아래에 달이 있는 것도 아니고, 수면에 밤하늘이 모두 담길 수도 없겠지만, 수면에 비친 달 역시 아름답게 빛난다는 것만큼은 분명하지 않겠습니까. 세계의 법칙과 《반야심경》 역시 달과 달을 비추는 수면의 관계로 바라보면 어떨까 싶습니다.

이제 세계의 법칙을 비추는 반야의 길로 함께 건너가 봅시다.

차례

마하반야바라밀다심경摩訶般若波羅蜜多心經

이곳에서 저곳으로 건너가게 돕는, 반야의 지혜를 담은 핵심 경전

觀自在菩薩 行深般若波羅蜜多時 照見 五蘊皆空 度一切苦厄

관자재보살 행심반야바라밀다시 조견 오온개공 도일체고액

관자재보살이 반야바라밀다를 아주 깊이 실천할 때
세계가 모두 공하다는 것을 두루 알게 되었고, 모든 고통에서
벗어날 수 있었다.

舍利子 色不異空 空不異色 色卽是空 空卽是色 受想行識 亦復如是

사리자 색불이공 공불이색 색즉시공 공즉시색 수상행식 역부여시

사리자여. 색이 공과 다르지 않고, 공이 색과 다르지 않다.
색이 곧 공이고 공이 곧 색이니, 수상행식도 모두 이와 같다.

舍利子 是諸法空相 不生不滅 不垢不淨 不增不減

사리자 시제법공상 불생불멸 불구부정 부증불감

사리자여. 세상의 모든 것이 공이라 생겨나지도 않고 사라지지도 않는다.
더럽지도 깨끗하지도 않다. 더해지는 것도 없고, 줄어드는 것도 없다.

是故 空中無色 無受想行識

시고 공중무색 무수상행식

그러므로 공의 관점으로 보면 색수상행식도 없다.

無眼耳鼻舌身意 無色聲香味觸法 無眼界 乃至 無意識界

무안이비설신의 무색성향미촉법 무안계 내지 무의식계

눈도, 귀도, 코도, 혀도, 몸도, 의식도 없고, 색깔도, 소리도, 향기도, 맛도, 감촉도, 법도 없다. 안계부터 의식계까지 다 없다.

無無明 亦無無明盡 乃至 無老死 亦無老死盡 無苦集滅道

무무명 역무무명진 내지 무노사 역무노사진 무고집멸도

무명도 없고, 무명이 다한 것도 없다.
죽고 사는 것도 없고, 죽고 사는 것이 다하는 것도 없다.
고집멸도도 없다.

無智亦無得 以無所得故

무지역무득 이무소득고

지혜도 얻을 것도 없다. 얻을 것이 없기 때문에 그러하다.

菩提薩埵 依般若波羅蜜多故 心無罣礙

보리살타 의반야바라밀다고 심무가애

보리살타는 반야바라밀다에 의존하여, 마음에 걸림이 없다.

無罣礙故 無有恐怖 遠離顚倒夢想 究竟涅槃

무가애고 무유공포 원리전도몽상 구경열반

걸림이 없으므로 두려움도 없어서, 뒤바뀐 헛된 생각을 멀리 떠나 완전한 열반에 들어간다.

三世諸佛 依般若波羅蜜多 故得阿耨多羅三藐三菩提

삼세제불 의반야바라밀다 고득아뇩다라삼먁삼보리

과거, 현재, 미래의 모든 붓다, 즉 깨달은 자들은
반야바라밀다에 의존하기 때문에 가장 높은 깨달음을 얻는다.

故知 般若波羅蜜多 是大神呪 是大明呪 是無上呪 是無等等呪
能除一切苦 眞實不虛

고지 반야바라밀다 시대신주 시대명주 시무상주 시무등등주
능제일체고 진실불허

반야바라밀다는 매우 신령스럽고, 매우 분명하고, 비교할 바 없이 가장 높은 주문이니, 모든 고통을 없애준다. 이는 헛되지 않은 진실이다.

故說 般若波羅蜜多呪 卽說呪曰

고설 반야바라밀다주 즉설주왈

그러므로 반야바라밀다의 주문을 말해보자면, 다음과 같다.

揭諦揭諦 波羅揭諦 波羅僧揭諦 菩提 娑婆訶

아제아제 바라아제 바라승아제 모지 사바하

건너가세, 건너가세, 저기로 건너가세.
저기로 다 함께 건너가세. 깨달음이여, 만세!

揭諦揭諦 波羅揭諦 波羅僧揭諦 菩提 娑婆訶

아제아제 바라아제 바라승아제 모지 사바하

건너가세, 건너가세, 저기로 건너가세.
저기로 다 함께 건너가세. 깨달음이여, 만세!

揭諦揭諦 波羅揭諦 波羅僧揭諦 菩提 娑婆訶

아제아제 바라아제 바라승아제 모지 사바하

건너가세, 건너가세, 저기로 건너가세.
저기로 다 함께 건너가세. 깨달음이여, 만세!

1장

인간의 소명을 깨닫고, 세상의 진실을 마주한다

당신의 고삐는 무엇입니까

경전이란 자기 소명이 무엇인지 발견하고,

그것을 실행하는 데 도움이 되는 역할을 합니다.

세상의 수많은 경전 중에서 단 한 권의 경전만을 선택해야 한다면, 여러분은 어떤 경전을 택하시겠습니까. 저는《반야심경》을 선택하겠습니다. 우리가 보통《반야심경》이라 부르는 이 경전의 정확한 명칭은《마하반야바라밀다심경》이죠. 제게는 이《반야심경》이 여러 경전 중에서도 가장 높은 경지에 도달해 있다고 보입니다.

그럼 왜《반야심경》을 가장 높은 수준의 경전으로 여기는지 궁금하실지도 모르겠습니다.《반야심경》의 참된 의미를 제대로 읽고 음미하는 것이 이 책의 목표이고, 그 구체적인 내용을 책 전반에 걸쳐 살펴볼 것입니다.

지금은《반야심경》에 어떤 내용이 적혀 있는지에 대해 구체적으로 살펴보기에 앞서, 우선《반야심경》을 대하는 저의 마음가짐에 관해 이야기해보려고 합니다.

《반야심경》을 여러 경전 중의 단 한 권이라고 말했습니다. 그런데 대수롭지 않게 여기고 넘길지도 모르지만, 저는 '경전'인《반야심경》에서 특히 경經이라는 한 글자를 중요하게 다루고 싶습니다. 저는 긴 시간 《장자》를 읽고 연구했습니다. 《장자》는 장자가 집필한 이후로 몇백 년의 긴 시간 동안 '장자'라는 제목으로 불렸습니다. 그러다가 당나라에 들어서 도교가 당나라의 제일 이데올로기, 오늘날로 치면 통치 이데올로기로 지정되며 이야기가 조금 달라집니다.

당연한 이야기지만, 통치 이데올로기로 지정되면 그 종교의 지위가 정치적으로 매우 격상합니다. 그러면서 도교의 교리를 담은 책 중에서도 중요한 책들에 경이라는 글자가 하나둘씩 붙게 됩니다. 선진 시기에 쓰인 《장자》 또한 당나라 시기에 이르러 그 명칭이 남화진경南華眞經으로 바뀌게 되고요. 그래서 《장자》를 '남화경'이나 '남화진경'이라고 부릅니다. 여기서는 《장자》가 남화라는 이름으로 바뀐 연유보다도, 《장자》라는 책이 경의 지위를 획득했다는 점에 주목합니다.

중국 고전을 보면 어떤 책은 《순자》, 《한비자》 등과 같이 경을 붙이지 않는데, 어떤 책은 《도덕경》, 《시경》, 《역경》처럼 끝에 경이라는 글자를 붙여 부릅니다. 경이라는 글자에는 당대의 모든 이가 숙지하고 따르면 좋겠다는 의미가 함축되어 있습니다. 어떻게 보면 경이라는 단순한 한 글자에 시대적 비전, 이념, 이데올로기의 기준점이 담겨 있다고 해도 과언이 아니지요. 경이라는 글자 하나로 당대에 그 책이 차지하는 위상을 가늠할 수 있습니다.

과거와 달리 오늘날에는 경이라는 글자를 보통 '기준'이라는 뜻으로 쓰고는 합니다. 경이 들어간 단어 중에서는 대표적으로 '경영'이라는 단어를 꼽을 수 있겠습니다. 경영은 영어로 management라고 합니다. 동사로는 manage가 되지요. 조금 더 깊게 들어가 그 어원을 따지면 'man-'이 되는데, 이때 'man-'의 의미는 '손으로 무언가를 다루는 것'이라고 합니다. 예를 들어 '원고'라는 의미의 단어인 manuscript를 봐도 그렇지요. 오늘날에는 대부분 키보드로 타이핑 하지만, 옛날에는 손으로 펜을 잡고서 글을 썼기 때문에 원고라 했습니다. 이처럼 manage라는 단어는 손으로 무언가를 한다는 의미이지요.

그런데 이 manage의 의미가 점차 함축성을 지녀서, 나중에는 비유적으로 말고삐를 잡고 말을 타는 것, 고삐를 잡고 말을 부리는 행위를 뜻하게 됩니다. 즉 manage, 경영이라는 단어의 근원은 '고삐를 잡고 무언가를 하는 것'이라고 할 수 있습니다.

여기서 핵심은 다른 무엇보다 고삐라는 말 자체입니다. 여기서 고삐가 내포한 의미를 다른 말로는 철학philosophy 혹은 이상vision이라고 할 수 있겠습니다. 그러니 경영은 비전과 꿈을 실현하기 위한 원칙을 정하고, 그 원칙에 따라 비전과 꿈을 세상에 펼치는 일을 뜻합니다.

우리는 경영이라는 말을 주로 기업과 연관해 사용하는데, 경영학과 관련된 개론서들에서는 보통 기업을 '이윤을 추구하는 것을 목적으로 하는 조직'이라고 정의합니다. 저는 여기서 의구심이 듭니다. 기업이 이윤을 추구한다는 관념에만 집중한다면, 여태까지 이야기한 고삐, 즉 경영의 본래 의미에 부합한다고 할 수 있을지 말이지요.

한번 생각해봅시다. 비전과 꿈을 이윤이라는 한 가지 관념에만 가두는 것이 어울리는지 말이지요. 지금까지 살펴본 경영이라는 개념에 대자면 이윤 추구라는 목적은 경영의 전체성을 반영하지 못하는데, 경영의 목적을 이윤 추구에만 둔다면 시선이 그렇게 넓거나 높다고 부르기는 어려울 것입니다.

반면 경영 대가들의 책을 보면, 이윤을 가장 중요하게 다루는 경우는 거의 없습니다. 특히 '경영의 신'으로 불리는 이나모리 가즈오의 저작 역시 몇 권 읽어봤는데, 그 저작들 어디서도 이윤 추구를 전면에 내세우는 내용은 보이지 않았습니다. 오히려 표현은 다르지만, 끊임없이 '당신의 고삐는 무엇인가'를 묻는다는 인상을 강하게 받았습니다.

기업을 경영한다는 것은 단순히 이윤 추구만이 목적은 아닙니다. 이런 이유로 이윤 추구만을 목적으로 하는 기업은 위대해질 수 없습니다. 기업은 '이윤 추구를 수단으로 삼아 나와 사회의 진화에 공헌하는 조직'으로 정의되어야 합니다. 이런 정의를 받아들이고 이 정의에 맞게 경영한다면, 그 기업이 바로 자신의 고삐가 무엇인지를 아는 기업입니다.

기업이 이윤 추구만을 좇지 않고 자신과 공동체의 진화에 공헌하는 조직이라는 정의를 받아들이면, 크게 돈을 벌지 못하고 규모도 키우지 못하리라 여길지도 모르겠습니다. 하지만 실제는 그렇지 않습니다. 자신만의 고삐를 가진 기업이라야 규모도 커지고, 지속 가능성도 커질 수 있습니다.

안타깝게도 이런 개념의 부재는 비단 기업에만 국한되지 않습니다. 이런 오도된 개념 정의가 가장 만연한 곳이 바로 정치계 혹은 정당입니다. 정당이 추구해야 할 바, 즉 목적을 '정치권력을 획득하는 것'이라고들 합니다. 하지만 이렇게 낮은 수준의 정의에 머물러서는 제대로 된 정치를 할 수가 없습니다. 정당은 정권을 획득하는 것이 목적이 아니라, '정권 획득을 수단으로 삼아 나와 사회의 진화에 공헌하는 것'이어야만 합니다.

그러니 이윤을 추구하는 기업이든, 정권을 획득하려는

정당이든 그들이 추구해야 할 방향의 설정 방식은 원론적으로 다르지 않습니다. 이윤 추구나 정권 획득을 수단으로 삼아 나와 공동체의 진화에 어떤 방식으로 공헌하고자 하는가가 중요하다는 이야기입니다. 기업과 정당 모두 근본적인 의미에서는 펼칠 뜻, 펼칠 꿈, 펼칠 비전이 먼저 바로 서야만 하는 것이죠. 잡고 나아갈 고삐가 분명해야 합니다.

뜻과 꿈과 비전의 실현을 근본적인 목적으로 삼지 않고, 되레 그런 가치를 도외시하며 이윤 추구나 정권 획득만을 목적으로 삼아서는 나와 사회의 진화에 공헌할 수가 없습니다. 그러면 이윤 추구와 정권 획득 이후에는 아주 표피적이고 현상적인 혼란들, 번잡함과 수선스러움 등만 가득 차게 되죠.

이렇게 말하면, 정치인에게만 해당하는 얘기 같습니다. 하나 자세히 들여다보면 그들을 뽑고 감시하는 일반 시민, 즉 유권자들의 책임이 더 막중합니다. 정치는 시민의 수준을 넘어설 수 없기 때문입니다. 시민 개개인이 자기 고삐를 중요하게 여기지 않으면, 기업도 정치도 고삐를 잡고 효율적으로 전진하는 모습을 보이기 어렵습니다.

경에서 시작해 경영, management, manage를 돌아 고삐에 이른 이야기는 기업과 정당에만 적용되는 것이 아닙니다. 우리 개개인에게도 해당하지요. 다시 말해 자신의 삶에서 자신의 고삐가 무엇인지를 가장 중요하게 다루어야 한다는 이야기입니다. 그렇지 않으면 내가 어디로 가는지, 심지어는 말을 타고 있으면서도 말을 왜 탔는지 알 수 없게 됩니다. 인생의 방향을 알 수 없고, 삶을 온전히 누릴 수 없게 되는 것입니다. 삶이 지지부진해지고, 오리무중에 빠지는 이유입니다.

다시 원점으로 돌아오겠습니다. 《반야심경》이라는 명칭에서 제가 경이라는 글자를 중요하게 다루는 이유를 충분히 살폈습니다. 경을 중요하게 인식하고, 《반야심경》을 읽고서 어떤 태도를 지녀야 할지, 나의 경은 무엇인지, 나의 고삐는 무엇인지 고민해야 합니다. 내가 이 사회에서 펼치고 싶은 꿈은 무엇인지, 사명은 무엇인지를 점검하는 과정 자체가 경전을 공부할 때 얻을 수 있는 가장 큰 소득이라는 이야기입니다.

결국 경전이란 자기 소명召命이 무엇인지 발견하고, 그것을 실행하는 데 도움이 되는 역할을 합니다. 이런 생각 없이 그저 경전 안에 있는 내용과 구절을 곱씹는 데만 매몰된다면, 아무리 훌륭한 경전이라 해도 삶에 아무런 도움도 되지 않는 종이뭉치, 불쏘시개에 불과할 것입니다.

기업인, 정치인, 시민 모두 자신만의 고삐를 잡지 못한 상태에서는, 꿈이니 비전이니 본질이니 하는 것들을 비현실적인 것으로 치부하곤 합니다. '현실'을 모르는 사람들이나 하는 소리로 여긴다는 말입니다. 그것들이 현실적으로 실용성을 발휘하는 단계를 살아보지 못했기 때문입니다. 그래서 고삐와 삶이 분리되고 맙니다. 그러면 경전을 읽으면서도 경전에서 얻은 감동과 삶이 분리되어, 감동이 삶으로 내려오지 못합니다.

결국 경전을 아무리 읽어도 삶의 품격이나 효율성 면에

서 경전을 읽지 않은 사람과 차이를 만들지 못합니다. 정치에서도 소위 정치꾼들은 "정치는 현실이다"라는 말을 금과옥조처럼 여깁니다. 소위 '정치공학'의 수준을 넘지 못하죠. 그런데 우리도 지금 그러고 있는 건 아닐까요. 고삐를 잡지 않고 현실만 중시하는 태도로는 한 걸음도 건너갈 수 없습니다.

우리는 살아가며 수없이 많은 공부를 합니다. 그리고 그 많은 공부를 하며 이런 질문을 마주합니다. 이 공부를 통해 내가 진짜 행복해졌는지, 혹은 무언가가 나아졌는지, 혹은 지혜가 커졌는지, 혹은 사회를 보는 눈이 밝아졌는지, 앎을 앎대로 실천하려는 우직하고도 진실한 태도를 습득하였는지, 스스로 되돌아볼 기회가 되었는지, 더 깊은 눈매를 가지게 되었는지……. 이것들을 살피는 과정에서 경의 참된 의미를 만날 수 있겠습니다.

천상천하 유아독존

천상천하 유아독존,

하늘과 땅 사이에 오로지 나만이 존귀하다.

붓다는 어떤 고삐, 어떤 소명을 가졌을까요. 그것은 태어날 때 했다는 짧은 말, 즉 출생게出生偈에 담겨 있습니다. 붓다는 태어나며 이렇게 말했다고 전해집니다. 천상천하 유아독존 삼세개고 오당안지天上天下 唯我獨尊 三世皆苦 吾當安之, 이 말을 있는 그대로 풀어보자면 '하늘 위와 하늘 아래 오직 나 홀로 존귀하다. 과거 현재 미래로 펼쳐진 온 세상이 고통이니, 내가 그 고통을 해결하겠다'입니다.

천상천하 유아독존은 무슨 의미일까요? 정말 말 그대로 다른 어떤 것이나 다른 사람에 비해서 내가 가장 존귀하다는 뜻일까요? 깨달음의 가장 높은 단계를 무상정등각無上正等覺으로 보는 불교의 창시자가 다른 사람보다 나를 더 존귀하게 대하라는 가르침을 행했을 리는 없습니다. 여기서 정등은 곧 평등平等을 말하지요.

자신을 지키는 '나'라면, 경전을 읽고도 경전의 글자만을 따라 맹목적으로 추종하거나 숭배하지 않고 '자신만의 경전'을 쓰려고 '자신만의 길'을 나서겠지요. 붓다도 아니고, 조사도 아니고, 이념도 아니고, 친구도 아니고, 관념도 아니고, 오직 자기 자신을 가장 존귀한 자리에 둬야 하지요.

‘인생은 어차피 자신만의 환상을 구체화하는 것’이라는 문장이 있다고 합시다. 자신을 존귀하게 대하지 않는 사람은 이 문장을 두고 “참 옳은 말이다”나 “말 참 잘했다”라고 감탄하거나, “말도 안 되는 소리!”라거나 “경제적으로 여유가 있는 사람이나 하는 말”이라고 비판하고 말 것입니다.

이에 반해 자신을 존귀하게 대하는 사람은 그 문장을 상대적 비교 속에서 소비하는 것에 그치지 않고, 자신의 인생을 자신만의 이야기로 꽉 채우기 위해 무언가를 시작하겠지요. 비록 서툴더라도 자신만의 이야기로 자신만의 동화 한 편을 쓸 수 있지 않겠습니까.

대답하는 자에게는 자신만의 고유한 호기심이 드러나지 않지요. 질문하는 자는 자신에게만 있는 궁금증과 호기심을 발출하는 야성을 가지고 있지요. 대답하는 자보다 질문하는 자가 천상천하 유아독존에 가깝습니다. 편견, 가치 기준, 특정 이념은 외부의 것이면서도 자신 안에 똬리를 틀고 앉아 주인 행세를 할 뿐 아니라, 자신을 딱딱하게 만들고 좁은 집착에 빠지게 합니다. 외부에서 진입한 이런 것들을 하나하나 없애야 하는데, 이렇게 하나하나 없애고 나면 '참 자아'가 비로소 드러납니다. 이때의 자아가 천상천하 유아독존에 가깝습니다.

우리는 자녀들에게 무엇이든 많이 알려주고 싶어 지식을 주입하려 듭니다. 그러다 자녀에게 원래부터 있던, 알고 싶어 하는 마음을 꺾어버리는 부작용을 겪고요. 무엇인가를 알고 싶어 하는 마음이 사라진다는 것은, 영혼의 성장판이 닫힌다는 뜻입니다. 이런 상태에서는 어떤 지식도 그다지 쓸모가 없습니다. 모든 창의성, 삶의 생기, 친절, 용기, 절제 등과 같은 지적인 활동은 지식에서 오지 않고, 알고 싶어 하는 의지로 가득 찬 자신만의 욕망에서 나옵니다.

알고 싶어 하는 욕망이 있는 사람은 천상천하 유아독존에 가깝습니다. 세상에서 내가 가장 존귀하다는 말은 상대적 개념에서 다른 사람보다 내가 더 귀하다는 말이 아닙니다. 삶 속에서 각자의 나 자신을 찾고 지켜야 한다, 내가 나의 신이요 붓다임을 알아야 한다는 것이 천상천하 유아독존의 의미일 것입니다.

천상천하 유아독존에 이은 문장이 삼세개고 오당안지, '온 세상이 고통으로 가득 차 있으니 그 고통을 자신이 해결해야겠다'라는 것이었습니다. 이를 위해 세속의 모든 영화를 버리고 29세에 궁을 나서 출가해, 35세에 깨닫고 80세에 열반涅槃에 이를 때까지 45년 동안 붓다의 삶은 세상 모든 사람을 고통의 바다에서 벗어나게 하겠다는 포부를 완수하려는 일이었지요. 다시 말해 붓다의 고삐는 고통스러운 세상에 갇혀 고통받는 대중을 구제하는 것이었습니다.

자신의 고삐를 꽉 잡고, 45년 동안 붓다가 행한 설법의 내용 전체는 사성제四聖諦에 집중되어 있습니다. 사성제를 사진제四眞諦라고 하고, 줄여서 사제四諦라고도 하죠. 제諦는 진리나 진실을 의미합니다. 사성제는 네 가지로 정리된 진리라고 할 수 있겠습니다.

사성제는 붓다가 한 가르침의 대강으로, 고제苦諦, 집제集諦,

멸제滅諦, 도제道諦로 되어 있습니다. 종교학자 리처드 곰브리치의 비유를 참고하면, 사성제의 의미를 이해하는 데 도움이 됩니다. "현대 학자들은 사성제의 표현이 당시의 의학 용어를 따르고 있다는 점을 설득력 있게 논증한 바 있다. 우선 병이 진단되고, 그 발단이나 원인이 확증된다. 그리고는 적합한 치료법이 정해지고 마침내 치료를 달성하기 위한 처치가 처방된다. 붓다는 자신을 갈애의 화살을 제거하는 의사로 묘사하였다."(《곰브리치의 불교 강의》, 불광출판사, 314쪽)

이 비유로 고집멸도의 사성제를 구체적으로 이해할 수 있는 동시에, 붓다의 가르침이 '선험적인 사유로 연역한 것'이 아니라 '구체적인 실천에서 길어 올려진 것'임을 알 수 있습니다. 뒤에서 언급하겠지만, 세계가 모두 공空임을 알아서, 즉 진리를 먼저 알고서 그 진리를 수행하는 것이 아닙니다. 바라밀다라는 구체적인 구도 행위, 즉 실천을 통해서 공의 진리를 터득한다는 것입니다. 단순화해서 말한다면, 진리에서 실천으로 내려오는 것이 아니라, 실천에서 진리가 피어난다는 것이지요.

이런 맥락에서 《반야심경》 첫 구절, 관자재보살, 행심반야바라밀다시, 조견오온개공觀自在菩薩, 行深般若波羅蜜多時, 照見五蘊皆空을 더욱 유의해 살펴야 합니다. 반야바라밀다를 철저하게 행할 때, 공의 진리를 안다는 것 아니겠습니까. 이렇게 하여, 사성제가 구체적인 치료 행위로 해탈의 궁극적 목적을 달성하려 한다는 것도 함께 이해할 수 있습니다.

고제는 곰브리치의 비유에 기대어 보면, 우선 병의 진단에 해당합니다. 이 세상이 고통이라는 진단이죠. 즉 고통으로 가득 찬 현실을 바르게 보는 것입니다. 고苦는 생로병사生老病死라는 사고四苦에 애별리고愛別離苦, 원증회고怨憎會苦, 구부득고求不得苦, 오온성고五蘊盛苦, 네 가지 고통을 더해 팔고八苦로 이뤄져 있습니다.

집제는 병의 발단이나 원인이 확증되는 것입니다. 고통의 원인이 이러이러하다는 것이지요. 집集은 집기集起를 줄인 말입니다. 사물들이 모여서 일어나는 원인을 뜻하고 여기서는 '고'의 원인이나 이유가 되는 것입니다. 특히 고통의 가장 확실한 원인이 갈애渴愛입니다. 갈애에는 욕애欲愛, 유애有愛 그리고 무유애無有愛의 삼애三愛가 있습니다. 고통의 원인을 탐진치貪瞋癡, 삼독三毒으로 볼 수도 있고요.

멸제는 적합한 치료법, 즉 고통을 소멸시키는 방법이 정해지는 것입니다. 정해진 그 방법은 바로 깨달음의 목표가 되는데, 그것은 열반의 경지를 가리킵니다. 멸제의 단계에서는 모든 고통의 원인인 갈애를 남김없이 소멸시켜서 결국 해탈을 얻게 됩니다.

도제는 마침내 처방전이 발급되는 단계입니다. 치료의 궁극은 열반입니다. 그래서 처방전이란 결국 열반에 이르는 방법이 됩니다. 열반에 이르는 방법으로는 팔정도八正道가 있습니다. 정견正見, 정사유正思惟, 정어正語, 정업正業, 정명正命, 정정진正精進, 정념正念, 정정正定이라는 여덟 가지 수행 방법이지요.

여기서 사성제의 위치를 제대로 알기 위해서 곰브리치를 재인용하겠습니다. "그러므로 내가 설명하지 않은 채 남겨둔 것은 설명되지 않은 대로 기억하고 내가 설명한 것은 설명한 대로 기억하라. …(중략)… 어째서 내가 [너의 질문들을] 설명하지 않은 채 남겨두었는가? 왜냐하면 그것들은 유익하지 않고 열반으로 인도하지 않기 때문이다. 내가 설명한 것은 사성제이다. 왜냐하면 사성제는 유익하며 열반으로 인도하기 때문이다."(앞의 책, 324쪽)

이 구문으로 우리는 붓다가 사성제를 가장 중요한 것으로 말하고 있음을 알 수 있을 뿐만 아니라, 열반으로 인도하는 데에 유익하지 않은 것은 아예 설명하지도 않음을 알 수 있습니다.

그럼 유익하지 않기 때문에, 설명조차 거부하는 문제, 질문들은 무엇일까요? 이런 질문들에는 붓다가 아예 대답도 하지 않고 침묵하였습니다. 붓다가 무의미하다고 한 14가지의 질문을 나열해 보겠습니다. 우리는 이런 질문들의 성격과 유형을 잘 알 수 있습니다.

(1) 우주는 영원한가? (2) 우주는 영원하지 않은가? (3) 우주는 영원하기도 하고, 영원하지 않기도 한가? (4) 세계는 영원하지도 않고, 영원하지 않은 것도 아닌가? (5) 우주는 유한한가? (6) 우주는 무한한가? (7) 우주는 유한하기도 하고, 무한하기도 한가? (8) 우주는 유한하지도 않고, 무한하지도 않은가? (9) 여래는 사후에도 존재하는가? (10) 여래가 사후에는 존재하지 않는가? (11) 여래는 사후에 존재하기도 하고, 존재하지 않기도 하는가? (12) 여래는 사후에 존재하는 것도 아니고, 존재하지 않는 것도 아닌가? (13) 목숨과 신체는 같은가? (14) 목숨과 신체는 다른가?

이 14가지의 무의미한 질문을 십사무기十四無記라고 합니다. 붓다는 이런 14가지의 질문을 하는 사람에게도 생로병사의 고통이 있는데, 이런 질문들로는 고통에서 벗어날 수 없다는 것입니다. 붓다가 보기에, 이런 명제나 이런 질문들은 이치에도 맞지 않고, 법에도 맞지 않고, 또한 범행梵行도 아니어서 지혜智나 깨달음覺으로 나아가게 하지 못하고, 열반으로 나아가게 하지도 못합니다. 그래서 깨달음이나 열반에 이르게 하는 사성제를 가장 중요하게 말한다는 것이죠. 여기서 우리는 붓다가 얼마나 실재적이고, 실천 위주의 사고를 했는지 알 수 있습니다. 형이상학적 사유에 빠진 것이 아니었습니다.

서양철학의 거인, 이마누엘 칸트는 '신은 존재하는가, 아니면 존재하지 않는가?', '우주는 유한한가, 아니면 무한한가?', '시간에 시작은 있는가, 아니면 없는가?', '인간에게 영혼은 있는가, 아니면 없는가?' 등과 같은 질문에 대하여 인간의 능력으로는 알 수 없으니, 대답할 수도 없다고 했습니다. 이런 문제에 대답하려는 것 자체를 월권으로 보는 겁니다. 그래서 칸트는 이성의 능력에 한계를 정한 후 인식 활동을 전개하자고 하지요. 이런 질문들은 수학이나 기하학이나 물리학 등과 같은 지식을 구성하는 데에 아무런 역할을 하지 못하기 때문입니다.

붓다는 열반에 이르는 길에 십사무기와 같은 질문이 아무런 효용성이 없다며, 사성제를 강조합니다. 칸트 역시 이성 인식에 신이나 자연이나 우주나 영혼에 관한 질문이 아무런 역할도 하지 못하니 이성의 한계를 정하고 감성, 구상력, 지성을 강조합니다. 전혀 다른 곳에서 전혀 다른 목적으로 태어난 두 철학에는 비교할 수 없을 정도로 큰 차이가 있습니다. 그런데 어떤 실제적인 목적을 위해서 형이상학적인 질문을 포기하는 유사성이 보인다는 점은, 무척 흥미롭습니다.

왜 행복하지 않은가

게으른 채로 쉬운 길을 가면 결국
타인의 행복을 거들 뿐,
자신의 행복을 쟁취할 수 없습니다.

우리는 왜 행복하지 않을까요? 왜 우리의 삶은 지지부진할까요? 이유는 간단합니다. 소명을 위해 사는 삶이 아니기 때문입니다. 소명은 누군가로부터 부여받은 숙제가 아닙니다. 소명은 오로지 천상천하 유아독존 하는 자신 안에서 솟아나는 것입니다. 자신의 일부가 아니라 자신의 온 전체가 원하는 것입니다. 소명은 죽기 전에 반드시 이뤄야 하는 것, 그것을 이루지 않고는 찝찝해서 견디기 어려운 것입니다. 소명을 아는 자는 자신을 아는 자이고, 자신이 무엇을 해야 하는지를 아는 자입니다.

소명이 없으면, 자신이 무엇을 위해서 왜 사는지를 모릅니다. 자신이 자신에게서 찾은 것이므로 이 소명을 붙들고 있는 한 인간은 쉽게 지치지 않습니다. 자신에게서 솟아난 것이 아니라 다른 사람이 부과한 것을 숙제처럼 하는 삶은 쉽게 지칠 수밖에 없습니다. 그런데 천상천하 유아독존 하는 삶을 그리워하거나 희망하지 않으면 자신에게서 나온 것을 사는지, 다른 사람이 부과한 것을 사는지도 분간 못하는 심한 무지에 빠져버리는 것이 우리 삶이기도 합니다.

자신에게서 나온 것은 자신이 진정으로 원하는 것입니다. 다른 사람 눈에 괜찮아 보일 것 같아서 선택한 것은 다른 사람에게서 온 것이기 쉽습니다. 보기에 괜찮아 보이는 것, 타인이 좋다고 해주는 것, 다른 사람의 시선을 의식해 선택한 것을 살아서는 행복하기 어렵습니다.

우리는 왜 자신이 진정으로 원하는 것을 찾지 않을까요. 다른 사람이 원하는 것은 무엇인지 잘 이해하고, 또 그것을 따라 해보고 싶은 마음이 쉽게 듭니다. 그런데 왜 자신이 진정으로 원하는 게 무엇인지는 찾으려 하지 않거나, 찾지 못할까요. 게으르기 때문입니다. 저는 이것을 '지적 게으름'이라고 하겠습니다. 내가 진정으로 원하는 것을 찾기란 원래 쉬운 일이 아닙니다. 헤르만 헤세도 "그것이 왜 그리 어려웠을까?"라고 말했을 정도니까요.

남들이 좋다고 하는 것은 대개 이미 만들어져 있고 눈앞에 보이기 때문에, 그것을 알아내려고 노력할 필요가 없습니다. 즉 그것을 찾는 데 수고나 힘이 들어가지 않지요. 이미 있는 그것을 그대로 따라 하면 되지 않겠습니까. 그런데 자기 마음속에서 솟아나는 것은 아직 분명히 정해진 것이 아니라서 새로, 애써, 일부러 찾아야만 합니다. 수고해야 하고, 힘을 쏟아야 합니다. 수고를 해야 하고 힘을 쏟아야 하는 일은 쉬이 선택되지 않습니다. 대개 힘쓸 필요가 없는 일에 쉽게 이끌리지요.

남들이 모두 좋다고 하는 것을 아는 데에는 힘이 하나도 안 듭니다. 매우 쉽습니다. 지적 긴장감이 없는 사람들은 당연히 남들이 좋다고 하는 것을 좇기 마련입니다. 누구나 힘든 일은 하기 싫어 하니, 힘이 안 드는 쪽으로 기우는 것은 자연스럽습니다. 그렇게 자기가 진정으로 원하는 것을 찾고 추구하고 수행하고 해내려고 하기보다는, 남들이 좋다는 것을 따라 하고 남들이 원하는 것을 추구하게 됩니다. 지적으로 게을러지면, 힘을 쓰지 않으려 하니 따라 하거나 추종합니다. 지적으로 부지런한 사람들만이 힘을 쏟고 수고로움을 감수합니다.

지적 게으름에 빠진 사람은 죽을 때까지 행복하기 어렵

습니다. 평생을 숙제하듯 살아야 하므로 삶 자체가 고통이고 괴로움입니다. 지적으로 부지런한 사람은 자신이 자신으로 살 수 있어 자신이 원하는 것을 할 확률이 높습니다. 행복하지 않을 리 없습니다. 행복하지 않다면 그 사람은 분명 지적으로 게으르고, 삶에 용맹정진하는 태도도 없을 것입니다. 매일매일 불꽃 같은 열정도 없이 게으릅니다.

다른 이유는 없습니다. 그저 게으르기 때문입니다. 이렇게 게으르게 살면서, 또 쉬운 길만 가려고 하면서 행복을 원한다는 것은 이치에 맞지 않습니다. 그래서 용맹정진해야 합니다. 분발해야 합니다. 철저해야 합니다. 자신에게 진실해야 합니다. 이것을 다 합쳐서 부지런하다고 합니다. 부지런하지 않으면 《반야심경》을 읽으면서도 붓다가 한 말, 그것만 입으로 계속 되뇌일 뿐, 붓다처럼 사는 자신만의 방향을 찾지 못합니다. 그래서 결국에는 붓다의 종이 됩니다. 자기가 어디로 가는지는 끝까지 모릅니다.

앞서 붓다의 출생게를 살폈습니다. 과거, 현재, 미래 온 세상이 다 고통이니, 이 모든 고통을 해결하겠다는 포부가 붓다의 고삐였습니다. 거듭 말하지만, 이 고삐는 오로지 붓다의 것입니다. 붓다에게 이런 고삐가 있음을 알았다면, 우리는 붓다의 고삐를 답습하거나 따라가는 것이 아니라, 자신의 고삐는 도대체 무엇인가 살펴야 합니다. 자신이 어떤 고삐를 잡고 있는지, 고삐가 아예 없지는 않은지 철저하게 되짚어봐야 합니다. 이런 행위를 반성 혹은 각성이라 합니다. 물론 반성과 각성은 쉽지 않습니다. 오죽하면 붓다는 출가를 선택했겠습니까. 출가란 익숙하고 따뜻하고 안락한 거처를 박차고 떠난다는 말입니다.

세속의 부귀영화를 모두 거머쥐고 있던 청년, 고타마 싯다르타가 궁 내에서 반성과 각성을 할 수는 없었을까요? 굳이 쥐고 있던 모든 것을 버리고 나가야 했던 이유는 무엇이었을까요? 그가 출가한 이유는 바로 '익숙함'이라는 적을 부정해야 했기 때문입니다. 여기에는 아주 중요한 의미가 있습니다. 출가는 게으른 자기 자신에 대한 전면적인 부정입니다. 게으름에 대하여 반만 부정하거나 반 조금 넘게 부정하는 등의 양적이고 상대적인 태도로는 어떤 것도 해결할 수 없습니다. 그저 자기 자신에 대한 전면적인 부정만이 필요할 따름입니다.

그래서 출가는 그냥 집을 나선다는 의미만을 띠지 않습니다. 게으른 자기 자신을 전면적으로 부정하는 것, 이것이 출가의 진정한 의미입니다. 자기 자신을 전면적으로 부정하는 이유는, 자신만의 고유한 고삐를 잡고 또 놓치지 않기 위해서입니다.

고통의 바다에서 벗어나기

이 세계의 진실을 진실로 아는 것,

이것이 해탈의 가장 근본적인 조건입니다.

붓다가 바라본 세상은 고통에 휩싸여 있습니다. 고통의 바다, 그야말로 고해苦海입니다. 고통의 바다에서 가장 대표적인 고통은 무엇일까요.

생로병사 네 가지 고통으로 축약되듯이 태어나고, 늙고, 병들고, 죽는 우리 삶 일련의 과정 자체가 모두 고통입니다. 인간은 태어날 때 이미 몸과 마음에서부터 깊은 고통을 느끼며 태어납니다. 태어나는 것 자체가 고통이라는 것이죠. 이러할 뿐 아니라 늙고, 병들고, 죽어가는 고통의 시작점이 태어남입니다. 태어나는 일 자체가 고통임을 알면, 늙고, 병들고, 죽는 일이 고통이라는 것쯤은 쉽게 이해됩니다.

세상이 다 고통의 바다라고 할 때, 그 가운데서도 생로병사의 네 가지를 대표적인 고통으로 제시합니다. 그런데 우리는 정말로 생로병사가 고통인 줄 알긴 알까요? 무엇을 진실로 안다면, 그 앎을 통해서 변화가 일어납니다. 진실을 알아가면서 우리는 변화를 경험하고, 그 변화로 말미암아 달라지고 성장하는 것이죠.

안다고 하지만, 진짜로 아는 것이 아닐 때는 자신에게

아무런 변화가 일어나지 않습니다. 생로병사를 네 가지 대표적인 고통으로 제시하는 까닭은 생로병사가 고통임을 알아차리라고 강하게 설득하려는 것입니다. 더 나아가서는 삶이 모두 고통임을 알라고, 세계가 고통으로 가득 차 있음을 알라고 설득하는 것이지요. 이것을 알아야만 너는 달라질 수 있고, 변화할 수 있고, 성장할 수 있고, 지혜로울 수 있고, 성실할 수 있고, 행복할 수 있다는 것입니다. 네 가지 고통을 기록으로 남기는 것이 목적이 아니라, 삶이 고통임을 깨닫자고 호소하는 것이 목적이죠.

생로병사가 고통임을 알아차리는 것은 쉽지 않습니다. 자신을 바깥에서 제3의 눈으로 바라보는 힘이나 생각하는 능력이 없으면 죽기 직전까지도 자기가 죽는다는 사실을 알아채지 못합니다. 부모님의 임종을 눈으로 보면서도 자신 역시 죽는다는 사실을 알아차리지 못하곤 합니다. 알아차리더라도 얼마 가지 못해 금방 잊어버리죠.

물론 입으로는 안다고 할 수도 있습니다. 그러나 진실로 아는 것은 매우 어렵습니다. 진실로 알면, 그 앎을 통해서 자신에게 크고 작은 변화가 일어날 것입니다. 변화를 일으키는 앎은 가짜가 아니고, 변화를 일으키지 못하는 앎은 진짜가 아닙니다. 앎이 지식으로 멈추지 않고, 내 삶과 자신에게 변화까지 일으킬 수 있는 '나'가 천상천하 유아독존에 가깝습니다.

잠깐 살펴봤듯 불교에서는 생로병사의 사고에 또 다른 네 가지 고통을 더해서 팔고八苦라고 합니다. 첫째로 애별리고가 있습니다. 사랑하는 사람과 헤어지는 고통입니다. 많이 좋아하여 애착의 대상이 되었는데도 길게 함께 하지 못하고 결국 갈라서게 되는 고통이지요. 두 번째로 원증회고가 있습니다. 싫고 미운데도 만나게 되는 고통입니다. 세 번째로 구부득고입니다. 갖고 싶은 것, 원하는 것을 갖지 못하는 고통입니다. 네 번째로 오온성고입니다. 오온은 색수상행식色受想行識 다섯 가지를 말합니다.

'나'도 오온의 구성물입니다. 오온이 성하다는 것은 오온이 들끓어 마음에 번뇌가 생기는 고통을 말합니다. 즉 모든 고통은 아집에서 온다는 뜻입니다. 내가 무아無我라는 것을 알지 못하고 '나'에 집착하기 때문에, 내가 늙고 병들고 죽어가는 것이 고통일 수밖에 없습니다.

이와 다른 방식의 고통이 왜 없겠습니까만, 가장 큰 범주로는 생로병사 네 가지로 구분하고, 거기에 다시 네 가지 방식의 고통을 더해 팔고라 칭합니다. 그러니 삼세개고, 즉 세상이 온통 고통이라고 할 때는 구체적으로 팔고를 가리킵니다.

다시 원점으로 돌아가 봅시다. 붓다가 한 최초 자각은 바로 '세상이 고통의 바다'라는 것이었습니다. 세상이 고통의 바다임을 진실로 알았으니 이제 붓다가 해야 할 일은 명확해집니다. 고통의 바다에서 중생을 건져 올려 구하는 것입니다. 불교, 붓다의 모든 설법은 한 가지 이야기를 달리 풀어낸 셈이지요. 결국은 모두 '고통에서 벗어나자'라는 것입니다.

고통의 바다에서 벗어나기를 해탈이라고 합니다. 그래

서 붓다의 설법은 모두 해탈이라는 목적으로 귀결됩니다. 어떻게 고통에서 벗어날 수 있느냐 풀어주는 것이지요. 《반야심경》뿐 아니라 불교 경전이나 설법의 내용 대부분은 세상이 얼마나 고통스러운가를 보여주고, 왜 고통에서 벗어나지 못하는지를 밝혀주며, 어떻게 여기서 벗어날 것인가 하는 내용으로 이루어져 있습니다. 이것 전체가 담겨 있는 것이 사성제입니다.

붓다의 관점으로 보면, 세상 사람은 두 종류로 나뉩니다. 고통에서 벗어난 사람과 고통에서 벗어나지 못한 사람. 고통에서 벗어나지 못한 사람은 고통의 순환 고리에서 돌고 돌아 고통을 무수히 반복합니다. 이 돌고 도는 과정을 윤회輪廻라 하지요. 윤회는 원래 불교의 사상이 아니라 힌두교의 사상이라고도 하는데, 그보다도 당시 인도의 보편적인 사상이라고 보면 되겠습니다. 그래서 불교에서도 이 개념을 받아들여 쉽게 교리화할 수 있었지요.

윤회에는 '계속되는 흐름'이라는 의미가 있습니다. 윤회전생輪廻轉生이나 생사유전生死流轉이라고도 합니다. 번뇌와

업業을 쌓느라 삼계육도三界六道에서 태어나고 죽는 것을 끝없이 반복하는 것입니다. 끝없는 이 생사의 순환을 끊는 것이 깨달음이며 열반입니다. 해탈은 바로 윤회의 순환을 벗어나는 것이죠.

윤회의 순환 고리에서 벗어날 수 없는 이유는 무엇일까요. 바로 업을 쌓기 때문입니다. 업은 주로 탐욕과 노여움과 어리석음이라는 세 가지, 탐진치 때문에 쌓입니다. 그러면, 업을 쌓게 하는 탐진치는 어디에서 비롯될까요. 바로 무명無明, 다시 말해 무지無知입니다. 모르니까 업을 쌓는다는 말이지요. 가짜를 진실로 알기 때문에 업을 쌓고, 그 업의 결과로 윤회의 고리를 돌고 돌아 해탈하지 못하는 것입니다. 해탈하려면 가짜를 진실로 아는 무지에서 벗어나, 세계의 진실을 제대로 알아야 합니다.

세계의 진실을 진실로 아는 것, 이것이 해탈의 가장 근본적인 조건입니다. 이것을 모르면 업이 계속 쌓이고, 결국 윤회의 순환 고리에서 벗어날 수 없습니다. 세계의 진실한 모습, 실제 모습을 실상實相이라고 합니다. 실상을 알면 해탈할 수 있습니다. 실상을 아는 것이 해탈에서 가장 중요한 일이 됩니다. 그래서 실상사란 이름을 가진 절이 그렇게나 많은 모양입니다. 그럼 세계의 진실, 세계의 실상은 무엇일까요.

차유고피유 차멸고피멸

이것이 있어서 저것이 있고,

저것이 사라지니 이것 또한 사라진다.

고통의 바다에서 벗어나기 위해서는 우선 실상을 알아야 합니다. 실상이란 도대체 무엇일까요. 붓다가 29세 때부터 35세까지 6년의 수행으로 깨달은 근본적인 실상의 개념은 한 문장으로 정리됩니다. 차유고피유 차생고피생 차무고피무 차멸고피멸此有故彼有 此生故彼生 此無故彼無 此滅故彼滅, 즉 '이것이 있어서 저것이 있고, 이것이 생겨나서 저것 또한 생겨난다. 이것이 없어서 저것이 없고, 이것이 사라지니 저것 또한 사라진다'. 이것이 핵심입니다. 이것이 실상을 나타내는 가장 근본적인 개념의 축약입니다. 이것의 의미를 조금 더 깊게 살펴봅시다.

모든 종교, 모든 예술, 모든 철학은 기본적으로 혁명적입니다. 종교 창시자, 예술가, 철학자들은 이런 의미에서 혁명가들입니다. 과거를 전복하고 새로운 세상을 도모하는 자들입니다. 그들과의 관계에서 첫 마음을 유지한다는 것은 그들의 혁명성을 놓치지 않는다는 뜻입니다. 그렇지 않으면, 그들이 남긴 기록들의 의미를 파악하는 데에 세월을 다 보내거나, 그들이 남긴 이론이나 교리를 수호하는 것에 정력을 다 써버리곤 합니다. 그들과의 관계를 생산적으로 유지하고 그들의 첫 마음을 따르고 싶다면, 그들이 혁명가였음을 잊지 말아야 합니다. 최소한 붓다의 높이로 살고 싶으면, 붓다의 혁명성을 기억해야 합니다.

종교, 예술, 철학이 새로운 세상을 도모하는 일이라면, 이를 추구하는 자들은 이 세상에 머물고자 하는 자들이 아니라 저세상으로 건너가는 자들입니다. 그러니 붓다의 실상 역시 종교적 깨달음이라는 의미에서 보면, 혁명의 아우라 속에 놓고 읽어야 하겠지요. 자신 안에 혁명적 불온함이 한 움큼도 없다면, 종교나 예술이나 철학을 그 핵심까지 제대로 마주하기는 매우 어렵습니다.

종교나 예술이나 철학은 그 혁명적 속성상 다음 세상을 꿈꾸는 것이기에, 이전의 그것과는 크게 다릅니다. 혁명가 붓다의 설법도 그랬습니다. 붓다 이전 사람들은 '이것은 이것으로 존재하고 저것은 저것으로 존재한다'라고 믿었습니다. 이것은 이것으로서의 성질을 근거로 존재하고, 저것은 저것으로서의 성질을 근거로 존재한다는 것이죠. 이것에서 이것의 성질, 즉 이것을 이것이게 하는 성질이 사라지면, 이것은 더는 이것이 아니게 됩니다. 저것 또한 저것을 저것이게 하는 성질, 즉 저것으로서의 성질이 사라지면, 더는 저것으로 존재하지 않게 된다는 것입니다. 한마디로 이야기하면 이것은 이것이고, 저것은 저것이라는 것입니다.

그런데 붓다는 달리 말합니다. 전혀 다른 시각으로 봅니다. '이것이 있어서 저것이 있고, 이것이 생겨나서 저것 또한 생겨난다. 이것이 없어서 저것이 없고, 이것이 사라지니 저것 또한 사라진다.' 저것이 저것으로 있는 근거가 이것이 있다는 사실 때문이고, 저것이 생겨나는 이유가 이것이 생겨나기 때문이고, 저것이 없는 이유 또한 이것이 없어지기 때문이며, 이것이 사라지는 것에 따라 저것 또한 사라진다는 것입니다.

있고, 없고, 생겨나고, 사라지는 일에서 이것과 저것은 분리되어 있지 않습니다. 연동 내지는 연결되어 있습니다. 이것과 저것은 따로 각각 존재하지 않습니다. 이것과 저것은 의존한 채로 존재하고 변화합니다. 여기서 나오는 개념이 바로 인연因緣입니다.

세계에 존재하는 모든 것의 존재 형식은 본질이 아니라, 관계에 기반해 있다는 것입니다. 우리도 본질적인 성질을 근거로 해서 존재하는 것이 아니라, 다양한 계기들의 관계로 존재합니다. 세계의 실상을 아는 것이 해탈의 출발점인데, 세계의 실상을 한마디로 축약해 표현하면 그것이 바로 인연이고 관계인 것입니다. 세계의 모든 것은 상호의존 관계 속에서 존재합니다.

불교는 온 세계가 모두 관계로 이루어져 있다고 인식합니다. 이것이 있으니 저것이 있고, 저것이 사라지니 이것 또한 사라진다는 표현으로 이 세계가 관계로 되어 있음을 천명합니다. 그런데 여기서 말하는 관계성의 내용을 정확히 알 필요가 있습니다. 이 단계에서 말하는 관계성은 이것과 저것 사이의 관계성입니다. 이것과 저것 사이의 관계성으로 잘 발전하던 불교가 한 번 개혁을 단행합니다. 바로 대승大乘 운동입니다.

이것과 저것 사이의 관계를 존재의 기본 형식으로 인식하던 교리로는 사회의 변화를 더는 효율적으로 관리할 수 없게 됩니다. 사회 변화를 담을 수 있는 일대 개혁이 일어나는데, 그것은 이것과 저것 사이의 상호의존과 관계를 말하던 교리에서, 관계적 세계관이 더 보편화되고 철저해지는 방향으로의 개혁입니다.

개혁을 통과한 대승 불교의 교리에서는 이것과 저것 사이의 관계에 머물지 않고, 이것 자체도 관계로 되어 있고, 저것 자체도 관계로 되어 있다고 합니다. 이것과 저것의 관계를 말하고, 저것과 이것의 관계를 말하는 것이 기존의 교리였는데, 종교개혁이 일어나며 이것 자체가 관계고 저것 자체가 관계라고 바뀐 것입니다. 관계성이 더욱 확장되고 철저해진 모습입니다.

소승小乘이라는 말은 종교개혁을 감행한 사람들이 만들었습니다. 개혁가 자신들의 이론을 대승이라고 칭하고, 자신들이 극복하고자 했던 기존의 이론을 소승이라 칭한 것입니다. 지금 탐독 중인 《반야심경》은 대승 경전입니다.

모든 이론에도 생로병사가 있습니다. 영원한 진리는 없습니다. 진리를 담은 것이라 주장되는 교리의 수명이 다하면, 종교 자체도 사회적인 역할을 하는 점에 있어 한계에 직면하고, 그 종교의 지도자들도 혁명적인 사명을 품은 지도자라기보다는 종교의 조직관리인으로 전락합니다. 종교로서는 더 할 일이 없어진 것이죠. 수명이 다한 교리가 변화하는 세상과 점차 맞지 않게 되기 때문입니다. 거의 모든 종교개혁은 이런 상황에서 일어납니다. 대승의 종교개혁도 마찬가지였습니다.

학생 때 소승은 개인의 수행, 개인의 깨달음을 강조한다고 배웁니다. 이런 소승의 수행자를 아라한阿羅漢이라고 부릅니다. 본래 붓다를 가리키는 명칭이었지만, 후에는 불자들이 도달하는 최고의 계위階位를 칭하게 되었습니다.

수행자는 다 독립적으로 수행을 거듭하여 모든 번뇌를 끊고 생사의 세계에서 윤회를 벗어난 경지, 즉 '아라한과'라는 경지에 도달하려 합니다. 아라한과는 개인 수행자로서 이를 수 있는 최고의 경지입니다. 이와 같은 경지의 차이는 수행자들 사이에 구분을 낳고, 구분에 따라서 각각의 단계에 명칭이 부여됨으로써 종내에는 계급으로 고착화합니다. 수행과 깨달음에 따른 계급적 차이가 생기는 것입니다.

종교적 차원에서 계급적 차이가 굳어지다 보니, 정치·경제적 진화에 따라 사회에서 계급이 분화되고 달라지는 현상과 잘 맞지 않고 괴리가 생기는데, 이런 괴리에 따라 사회가 경직되고 또 균열이 생기게 됩니다. 수행자와 비수행자가 엄격히 구별되고 붓다의 나라, 즉 불국과 속세가 엄격하게 구별되는 것이지요. 그러니 선택된 사람들은 불국에 가고 선택되지 못한 사람들은 속세에 남는 형국으로 사회가 경색될 뿐 아니라, 심한 분열을 겪습니다.

붓다는 세상의 고통을 해결하기 위해 설법했는데, 그 설법의 해석과 수행의 조건에 따라 세계가 다시 고통 속에 빠지는 모순이 발생한 셈입니다. 고통을 해결하려는 설법으로 인해 수행자와 비수행자 사이에 계급적인 단절이 생기고, 불국과 속세에 단절이 생긴 모양새입니다. 즉 진리를 소유하는 자와 소유하지 못하는 자 사이에 구분이 생긴다는 말입니다. 이에 따라 사회는 심한 갈등을 겪게 되지요.

이때 '이대로는 안 되겠다, 삶의 문법을 바꿔야겠다'라는 의식을 가진 사람들이 종교의 혁명적 변화를 꾀하게 되는데, 이것이 바로 대승 운동입니다. 여기서 유추할 수 있듯, 대승 운동의 핵심은 소승에서 선명하게 구분한 '불국과 속세 사이의 단절'을 해소하는 것이었습니다. 수행자와 비수행자 사이의 엄격한 계급 구분도 없애려 했지요.

구분을 없애기 위해서는 불국과 속세의 개별적인 정체성이 약화되어야 합니다. 불국이 불국으로 분명하고도 굳건하게 서 있고, 속세도 속세로 분명하고도 굳건하게 서 있다면, 구별이나 구분이 해소되기 어렵겠지요. 불국이나 속세의 정체성이 각자 굳건하지 않을 때라야 소통과 연결이 더 가능해지겠죠.

대승에서 수행자의 최고 경지는 보살의 경지입니다. 보살은 보디사트바Bodhisattva라는 산스크리트어를 음역한 것으로, 보디Bodhi는 깨달음을, 사트바sattva는 대중을 일컫습니다. 대중을 깨닫게 해준다는 의미입니다. 한자로 음역하면 보리살타菩提薩埵라고 하지요. 보리와 살타의 두 개념에서 각각 앞 글자를 하나씩 떼어 보살이라고 줄여 말했습니다. 그러니 보살은 수행자 자신이 깨달았더라도 깨달음의 세계로 바로 들어서지 않고, 깨달음의 문 옆에 서서 대중의 마지막 한 사람까지 깨달음의 문턱을 넘을 수 있도록 도와주는 경지를 뜻합니다.

자신의 깨달음에만 집중하지 않고 대중과 함께 깨닫는 것을 가장 높은 경지에 두는 것만 봐도 대승의 특징을 알 수 있습니다. 수행자와 대중 사이의 구분이 많이 희석된 모습입니다. 수행자가 수행자로만 있지 않고, 대중과 손을 잡은 수행자가 되지 않았습니까. 수행자와 대중이 소통하고 연결되는 풍경이 그려집니다.

불국과 속세도 그렇습니다. 불국과 속세가 각자의 정체

성을 분명하고도 굳건하게 고집하지 않아야 서로 연결되고 소통도 가능해집니다. 대승 운동에서는 당연히 어떤 존재든지 분명하고도 굳건하게 정체성을 주장하는 것을 막으려 했습니다. 그렇지 않으면 계급 모순을 해결할 수 없었기 때문입니다. 불국이 불국 자체로 존재하지 않고, 속세가 속세 자체의 정체성에 근거하지 않아야 한다는 말입니다.

불국과 속세를 대립하는 관계로 보지 않아야 할 뿐만 아니라, 불국과 속세가 각자의 정체성을 유지하면서 상호관계를 맺는다는 이론도 피해야만 했습니다. 관계에 대한 인식이 더 철저해져야 했죠. 즉 불국과 속세를 대립하는 관계로 보지 않고, 불국 자체가 관계적 존재이고 속세 자체가 관계적 존재라고 주장합니다. 수행자와 비수행자의 관계 역시도 이러하다 주장합니다. 이런 내용을 설명하는 개념 중에 중요한 것이 불이不二입니다.

불이, 둘이 아니다. 이 말은 정체성의 부재를 뜻합니다. 이것이 이것으로 있고, 저것이 저것으로 있을 때는 둘이 각자 따로 존재합니다. 그런데 이것의 정체성과 저것의 정체성이 흐려지거나 없어지면, 이것과 저것은 각자 따로 있는 둘二이 아니게 됩니다. 서로 스며들거나 섞이거나 의존하게 되지요. 불국과 속세도 둘이 아니어야 합니다. 불국과 속세가 둘로 따로 존재하는 세계관에서, 불국과 속세 사이의 단절을 해소하여 둘 사이를 깊이 연관시키려 했던 것이 대승 종교개혁이었죠.

불국과 속세도 불이의 관계로, 수행자와 비수행자도 불이의 관계로 바뀝니다. 불이의 관계로 바뀌려면, 굳건한 정체성을 근거로 하여 따로 존재하던 양편의 두 개가 각각 자신의 정체성을 허물어야 합니다. 각자의 정체성을 분명하고도 굳건하게 지키는 한에서는 양편의 각자가 불이의 관계로 바뀌는 것이 불가능합니다. 그냥 둘로 존재할 수밖에 없겠죠. 그래서 공이 중요해질 수밖에 없습니다.

공, 물론 소승에도 공이 있습니다. 소승에서의 공은 '이것이 있어서 저것이 있고 저것이 사라지니 이것 또한 사라진다'라는 뜻으로, 이것의 존재성이나 소멸성, 저것의 존재성이나 소멸성이 각자의 정체성을 지키는 선에서 서로 의존한다는 의미입니다. 그런데 대승에서는 이것 자체가 공이고 저것 자체가 공이라 합니다. 이것과 저것의 관계에서, 이것도 관계로 되어 있고 저것도 관계로 되어 있다는 뜻으로 바뀐 것이라 할 수 있습니다. 존재하는 모든 것은 다 그것 자체가 공이라는 뜻으로, 더 철저해진 것입니다. 불교용어로는 이것을 당체공當體空이라고 합니다.

이것과 저것의 인연이 아니라, 이것 자체가 인연의 결과이고, 저것 자체가 인연의 결과인 것입니다.

색수상행식 오온이 모두 공이라고 합니다. 대승의 철학을 아주 잘 보여주는 대목입니다. 색수상행식이 연합해 있다는 의미나 색수상행식이 서로 관계를 맺고 있다는 의미에서 공이 아니라, 색수상행식 하나하나가 다 공이라는 것입니다. 색도 공이고, 수도 공이고, 상도 공이고, 행도 공이고, 식도 공이라는 것입니다. 색 자체가 인연이고, 수 자체가 인연이고, 상 자체가 인연이고, 행 자체가 인연이고, 식 자체가 인연이라는 것입니다. 색 자체가 관계이고, 수 자체가 관계이고, 상 자체가 관계이고, 행 자체가 관계이고, 식 자체가 관계인 것이죠. 오온개공이라는 말의 의미는 이러합니다. 그럼 이제 공이라는 개념을 더 자세하게 살펴보겠습니다.

본무자성

무언가를 그것이게 하는 성질이 없습니다.

관계 맺는 형태, 인연에 따라 잠시

그것으로 있을 뿐입니다.

모더니즘적 사고에 갇힌 채로 포스트모더니즘을 이해하기란 쉽지 않습니다. 모더니즘에서는 이 세계에 존재하는 모든 것에 뿌리가 있다고 하지요. 바로 본질을 근거로 하여 존재한다는 뜻입니다. 비유해보자면, 모더니즘에서는 존재하는 모든 것을 등기된 것으로 간주합니다. 반면, 포스트모더니즘에서는 존재하는 모든 것이 등기되지 않은 가등기 상태라 하고요. 포스트모더니즘에서는 존재하는 모든 것을 부평초와 같다고 합니다. 존재자들을 보는 시각이 이렇게 다른 것입니다.

《도덕경》을 공부할 때 어려운 점 가운데 하나는 유무상생有無相生이라는 말을 이해하는 것입니다. 모더니즘적 사고에 갇혀 있으면, 유무상생을 이해하기가 쉽지 않습니다. 즉 실체론적 사고에 갇혀 있으면, 관계론적 세계관의 한 형태인 《도덕경》을 이해하기가 쉽지 않다는 뜻입니다.

유有면 유이고, 무無면 무여야지, 왜 유가 무에 의존해서 존재하고, 무가 유에 의존하여 존재하는가 하는 점입니다. 유는 유고, 무는 무다, 이러면 아주 쉽겠습니다만 《도덕경》

에서 무는 유와 의존하는 관계를 맺고서야 비로소 무로 드러나고, 유는 무와 의존하는 관계를 맺고서야 비로소 유로 드러난다고 합니다. 무의 존재 근거가 무 자신에게 있지 않고 유와의 관계에 있으며, 유의 존재 근거가 유 자신에게 있지 않고 무와의 관계에 있습니다.

처음 《도덕경》을 공부할 때 겪는 어려움처럼, 《반야심경》을 공부할 때도 이와 비슷한 어려움을 겪습니다. 공을 대면할 때가 그렇습니다. 어떤 것은 어떤 것으로만 있고, 그 어떤 것으로서의 성질이 다하면, 그 어떤 것은 더 이상 어떤 것이 아니게 되면서 소멸한다고 하면 이해하기가 쉬울 것입니다. 그런데 그 어떤 것의 존재성 자체가 어떤 것을 어떤 것이게 하는 특정한 성질을 근거로 하지 않고, 다양한 계기들의 연합으로 잠시 엉켜 있는 것이라고 하니 이해하기가 쉽지 않죠. 이는 고전역학에 익숙한 사람이 양자역학을 이해할 때 어려워하는 것과 비슷합니다.

이렇다면, 공에는 어떤 것도 본질적으로 존재하지 않는

다는 의미가 담겨 있습니다. '본질적으로 존재하지 않는다'라는 말은 '본질을 근거로 해서 존재하지 않는다'라고 바꿀 수 있습니다. 본질은 존재 근거이니까요. 본질이란 '어떤 것을 다른 것이 아니라 바로 그것이게 해주는 성질'을 뜻합니다.

여러분은 지금 이 책을 어딘가에 앉아서 읽고 계실 것입니다. 어느 분은 집 안의 책상 의자에, 어느 분은 카페의 의자에, 어느 분은 지하철 의자에 앉아 읽고 계시겠죠. 지금 예로 든 의자 세 가지는 저마다 다른 형태를 띱니다. 그런데도 우리는 이것들을 하나의 이름, '의자'라고 부릅니다. 세 종류의 의자가 생긴 모양이 다 다르지만, 그것들이 다 의자로서의 성질, 의자를 의자이게 해주는 성질을 가지고 있기에 의자라 부릅니다. 즉 의자는 의자의 성질을 근거로 해서 존재합니다. 그런 의자의 성질을 '앉음'이라고 해봅시다. 의자를 의자이게 해주는 성질, 즉 앉음이라는 성질이 있을 때 그것을 의자라 할 수 있습니다.

본질을 네 글자로 바꾸면, 존재 근거가 됩니다. 그래서 본질을 긍정하는 사람들은 모든 존재에 그것을 그것으로 존재하게 해주는 성질이 있다고 믿습니다. 이 논리는 굉장히 합리적으로 들립니다. 이치에 불편함도 없습니다. 앉음이라는 성질이 의자를 의자이게 해준다는 논리는 무척이나 잘 이해되고 잘 받아들여집니다.

그런데 이걸 이렇게 이야기해보면 어떨까요. 그 의자를 한번 분해해봅시다. 등받이와 받침, 그리고 의자 다리를 하나하나 분해하고 나면 결국 나사, 못, 널판, 막대 등으로 나뉘게 될 것입니다. 이것들을 바닥에 쫙 펼쳐봅시다. 바닥에 펼쳐진 것들을 보고서 의자라고 부를 수 있을까요. 물론 없습니다. 그러면 의자를 의자이게 해주는 앉음이라는 본질은 어디로 갔을까요. 앉음이라는 본질은 찾을 수 없습니다. 이렇게 보면, 의자를 존재하게 하는 근거는 기실 없는 셈이 됩니다. 붓다는 앉음이라는 본질, 즉 존재 근거란 따로 없다고 봤습니다.

붓다의 관점대로 '앉음'이라는 성질이 따로 존재하지 않는다면, 의자는 어떻게 의자일 수 있을까요. 잠시 앞의 이야기로 돌아가 봅시다. 붓다가 바라보는 실상은 세상이 인연으로 이뤄져 있다는 것입니다. 인연은 다양한 계기들이 관계를 맺는 일입니다. 의자도 여러 조건의 연합으로 존재한다는 뜻입니다.

존재 근거로서의 특정한 성질, 즉 본질을 긍정하면 존재는 그 성질을 유지하는 형태로 지속성이 지켜지지요. 의자라는 성질이 의자를 의자로 만들어주기 때문에, 의자는 의자로서 지속됩니다. 이에 반해 존재가 성질에 근거하지 않으면, 즉 본질을 부정하는 경우에는 지속성이 보장되지 않습니다. 의자를 의자로 만들어주는 성질이 있는 것이 아니라, 다양한 계기들이 잠시 연합하고 관계 맺는 결과가 의자일 따름이기 때문입니다.

인연에 따라 다양한 계기들이 잠시 연합하거나 관계를 맺는 방식으로 존재하는 것을 가유假有라 합니다. 가유는 실유實有가 아닙니다. 인연법에 따르면, 존재하는 것은 모두 그것을 그것이게 해주는 성질을 근거로 존재하지 않습니다. 존재하는 모든 것은 그것을 그것이게 하는 특정한 성질이 없습니다. 대신 연합하고 관계 맺는 형태, 즉 인연에 따라 잠시 그것으로 있을 뿐입니다. 인연에 따라 그것으로 잠시 있는 한, 존재 근거를 따로 가지지 않습니다.

본질주의적으로 보자면 의자는 앉음이라는 필수 불가결한 접착제로 유지되는 개념입니다. 인연법에 의하면 의자에는 앉음이라는 접착제가 따로 없습니다. 여러 가지의 부품들이 인연을 맺고 의자로 잠시 연합해 있을 뿐입니다. 본질주의적으로 보면, 모든 존재는 등기된 상태인 동시에 뿌리가 있습니다. 인연법에 따르면, 모든 존재는 가등기 상태인 동시에 뿌리가 없는 부평초와 같습니다.

본질주의적인 관점에서 보면 이것이 이것으로 존재하는 것은 이것을 이것으로 존재하게 하는 성질이 있기 때문인데, 이때 각자가 가지고 있는 이 성질을 자성自性이라고 합니다. 이것이 이것으로 존재한다면 당연히 이것을 이것이게 하는 성질, 즉 자성이 있다는 말이 되겠지요. 물론 인연법에 따른 세계관에서는 자성이라는 개념 자체가 부정되고요.

다시 말해, 자성이 없다는 말이 됩니다. 무자성無自性이라고 할 수 있지요. 그런데 본래부터, 원래부터 무자성인 거지요. 본래 처음부터 무자성이라는 의미를 본무자성本無自性이라고 표현합니다. 세계는 본래 본질을 근거로 존재하는 것이 아니라는 말입니다.

세계의 실상 — 공

불경에서는 본무자성이라는 존재 형식을
공이라는 글자로 개념화합니다.

다시 한번 정리하고 갑시다. 세계는 고통의 바다입니다. 우리는 고통의 바다에서 벗어나야 하고요. 고통에서 벗어나 해방된 것을 해탈이라고 합니다. 고통의 바다에서 벗어나지 못하고 인연의 연쇄에서 벗어나지 못한 채 뱅뱅 도는 것을 윤회라 하고요. 사람들 대부분은 윤회의 틀을 벗어나지 못합니다. 윤회의 틀을 벗어나지 못하는 것은, 업을 쌓기 때문입니다. 업을 쌓는 이유는 세계의 진짜 모습이 뭔지를 모르기 때문이고요. 다시 말해, 무지하기 때문입니다.

세계의 진짜 모습은 무엇일까요? 세계의 진짜 모습을 실상이라고 부릅니다. 세계의 진짜 모습을 다시 질문하면, '실상이란 과연 무엇이냐'가 되겠습니다. 실상이란 무엇일까요? 모든 것은 본래 자성이 없이 존재한다는 것이 세계의 진실, 즉 실상입니다. 본질을 존재의 근거로 삼지 않는 것이죠. 본질은 없습니다. 그저 다양한 계기들이 잠시 얽혀서 존재할 뿐입니다. 다양한 계기들이 얽혀서 현현하면 그것이 생겨난다는 것이고, 이 얽힘이 풀리면 죽는다는 것 혹은 소멸한다는 것이죠.

다양한 계기들의 얽힘을 인연이라 하지요. 인연이라는 말을 현대적인 용어로는 관계라 부르고요. 이렇다면, 관계와 본질은 철학적으로 서로 반대말이 됩니다. 붓다가 보는 세계는 본질적인 세계가 아니라, 관계적인 세계이고요. 세계를 본질에 근거해 존재하는 것이라 보면, 정의를 내리는 일이 당연해집니다. 세계를 관계적으로 존재하는 것이라 보면, 정의 내리는 일이 어울리지 않아집니다.

본질을 긍정적으로 보면, 매사에 '그것이 무엇이냐?'를 먼저 묻습니다. 영어식 의문사로는 What을 항상 먼저 사용합니다. 반면 관계를 긍정적으로 보면, 의문사는 주로 How를 앞세우게 됩니다. 관계론자들은 그것이 '무엇인가'보다는 그것이 '어떠한가'를 더 앞세웁니다. '세계가 어떠한가?'라는 질문에 대하여 불교에서는 그저 잠시 관계를 맺고 연합해 있는 상태라고 답할 수 있겠지요. 무엇이든지 잠시 관계 맺고 연합해 있을 뿐, 처음부터 스스로 지니는 성질, 즉 자성은 없는 셈입니다. 그것을 네 글자로 본무자성이라 한다고 했죠.

본무자성, '세계는 본래부터 자성이 없다'라는 문장을 매번 말해야 한다면 얼마나 번거롭겠습니까. 열두 음절의 한국어는 고사하고, 네 음절의 한자 표현으로 해도 번거롭기는 매한가지입니다. 그래서 본무자성이라는 개념에다가 약속된 기호를 하나 붙이기로 합니다. 글자 하나에다가 이 의미를 다 담아서 표현하기 위해 붙인 글자가 바로 공입니다.

공은 존재라기보다는 기호인 셈이지요. 그냥 표지판 같은 것입니다. 따라서 공은 실제로 있는 어떤 것의 상태가 아니라, 그냥 단순한 논리적 개념일 뿐입니다. 공이라는 것은 존재하지 않는다고 말해도 틀리지 않습니다. 불교 경전을 공부하면서 공이라는 단어를 보면 항상 본무자성을 떠올려야 합니다.

그런데 불교를 공부하는 사람들은 왕왕 공을 기호로 읽지 않고, 실체로 간주하는 실수를 범하곤 합니다. 그래서 공을 추구해야 하는 하나의 대상으로 두게 되지요. 하지만 공이라는 글자는 상징적인 기호에 불과하니, 존재하는 '어떤 것'으로 봐서는 안 됩니다.

이쯤에서 생각나는 얘기가 있습니다. 한국과 중국은 몇십 년 동안 외교 관계도 없이 적대적으로 지내다가, 1992년에 국교를 맺었습니다. 1993년, 저는 북경대 철학과 박사과정에 들어갔습니다. 다른 몇 한국 학생들과 함께, 몇십 년 만에 중국에 유학하는 첫 한국 유학생이 되었죠.

박사과정 첫 학기에, 제가 수강한 탕이지에湯一介 교수님 강의에서는《반야심경》과《유식삼십송》을 읽었습니다. 평가는 학기 말에 제출하는 과제로 하였는데, 과제는 공에 관하여 에세이 한 편을 쓰는 것이었습니다. 놀랍게도 탕이지에 교수님은 제게 95점이라는 아주 높은 점수를 주셨습니다. 그것도 처음에 93점을 주셨다가, 지우고 다시 95점으로 올리셨더라고요.

에세이에는 점수만 적혀 있고 다른 어떤 코멘트도 없었는데, 한 부분에 밑줄 두 줄이 그어져 있었습니다. 그것은 '공은 실재하는 어떤 것이 아니라, 세계가 인연으로 되어 있음을 나타내는 논리적인 개념일 뿐'이라고 기술한 내용이었습니다. 저는 지금도 공에 관하여 언급할라치면, 탕이지에 교수님이 그어주신 밑줄이 선명하게 생각납니다.

공을 실재하는 '어떤 것'으로 보는 오해를 방지하고자 많은 불교 경전에서 공공空空해야 한다고 주의를 줍니다. 양공兩空이라고도 표현합니다. 상징 기호에 불과한 것에 공이라는 이름을 달고 보니, 마치 공이 진짜로 있는 것이라는 오해를 줄 수 있어 공마저도 공해야 한다는 뜻인데, 공을 하나의 대상으로 삼지 않도록 공의 실재성을 부정해야 한다는 의미입니다.

흐름을 차분히 잘 따라왔다면, 붓다의 세계관이 어떠한지 슬슬 윤곽이 보일 것입니다. 붓다가 보는 세계의 실상은 한마디로 공인 것이지요. 놀랍게도 이 공이라는 불교적 세계관은 관념적이고 추상적인 설명에 그치지 않을지도 모릅니다. 앞서 간단히 언급했듯 이는 오늘날 밝혀지고 있는 세계의 법칙, 양자역학으로 바라보는 세계관과 결이 비슷하기 때문이지요.

이를테면 양자역학을 대중의 눈높이에서 쉽게 풀어 설명하는 물리학자 카를로 로벨리는 양자론을 이렇게 설명하기도 합니다. "양자론의 발견이란, '사물의 속성은 그 사물이 다른 사물에 영향을 미치는 방식에 지나지 않는다는 사실의 발견'이라고 생각합니다. 사물의 속성은 다른 사물과의 상호작용 속에서만 존재하는 것이죠. 양자론은 사물이 서로 영향을 주고받는 방식에 대한 이론입니다. 그리고 그것은 오늘날 우리가 가진, 자연에 대한 최선의 설명입니다."(《나 없이는 존재하지 않는 세상》, 쌤앤파커스, 99-100쪽)

양자론은 "'무엇이 있는지' 알려주지 않습니다. 멀리 떨어져 있는 물체들은 서로 마법으로 연결되어 있는 것처럼 보입니다. 물질은 유령 같은 확률 파동으로 대체되고……"(같은 책, 10쪽)라고 표현됩니다. '무엇이 있는지' 알려주지 않는 것은 세계가 관계로 되어 있기 때문입니다. 물질이 '유령 같은 확률 파동'으로 대체되었다는 것은 저자 스스로 서술했듯이 "대상들 이전에 관계로 이루어진 실재"(같은 책, 11쪽)임을 잘 보여준다고 봅니다.

공이라는 글자가 불교 경전의 핵심 개념인 것처럼, 다른 동양의 경전들에도 핵심적인 개념이 있습니다. 바로 도道라는 글자이자 기호가 그것이지요. 《도덕경》과 《주역》에서 말하는 도가 정확히 어떤 의미인지 살펴보면, 공에 관해 더욱 잘 이해할 수 있을 것입니다. 이 이해와 함께 이번 장을 마무리해볼까 합니다.

《도덕경》의 세계관을 가장 잘 표현해주는 것이 유무상생인데, 많은 사람이 이를 이해하기 어려워합니다. '유는 유로 존재하지 않는다, 유는 무와의 관계에 의해서만 유로써 드러난다. 무는 무로 존재하지 않는다, 유와의 관계에 의해서만 무로써 드러난다.' 이것을 유무상생이라고 합니다. 그런데 필요할 때마다 매번 네 음절로 부르려 하니 너무 깁니다. 그러니까 여기다가 도라는 글자를, 기호를 붙이기로 합니다.

이것은 저의 작위적 해석이 아니라. 《도덕경》에 그대로 쓰여있는 말입니다. 강자지왈도强字之曰道, 뜻을 풀어 쓰면 '억지로 거기에 글자를 붙여 도라고 한다'. 즉 유무상생의 존재 형식에 도라는 기호를 붙여 부른다는 뜻입니다. 이렇게 되면, 도는 실체나 본체가 아니게 됩니다. 우주 만물의 근원도 아니게 됩니다. 그런데 노자가 '억지로 글자를 붙여서 도라고 한다'라고 분명히 말했음에도 불구하고, 많은 독자가 도를 맹목적으로 실체나 근원이나 본체라고 읽습니다. 왜냐하면, 세계를 본질주의적으로 읽는 방식에 익숙하기 때문입니다. 노자의 관계론적 세계관을 받아들일 준비가 안 되어 있는 것이죠.

양자론을 이해하기 힘들어하는 것이나, 노자의 유무상생을 이해하기 어려워하는 것은 맥락이 비슷합니다. 공이 본무자성을 내용으로 하는 기호이듯, 노자의 도는 유무상생을 내용으로 하는 기호입니다. 재밌게 《주역》에서도 이와 비슷한 맥락을 찾을 수 있습니다.

《주역》에 의하면, 세계에 존재하는 모든 것은 여성적인 것과 남성적인 것으로 나뉩니다. 여성적인 것을 음陰이라 하고, 남성적인 것을 양陽이라 합니다. 그리고 세계에 존재하는 모든 것은 음과 양이 적당한 비율로 조합된 연합물이라고 봅니다. 이런 내용을 일음일양一陰一陽이라는 말로 표현합니다. 한 번은 음이고 다른 한 번은 양으로 교대된다는 말로, 음과 양의 연합을 말합니다. 이 말도 역시 필요할 때마다 매번 말한다는 것이 번거롭지 않겠습니까. 그래서 거기에 기호를 붙여서 도라고 한 것입니다. 《주역》에서는 이것을 일음일양지위도一陰一陽之謂道라고 합니다.

이렇게 보면, 《주역》의 도 역시 《도덕경》의 도와 마찬가지로 실체나 본체나 근원일 수가 없습니다. 음과 양의 관계를 도라는 글자로 표현하였을 뿐입니다. 이것을 정확히 읽지 않은 많은 독자는 도를 실체나 본체나 존재의 근원으로 읽고, 음과 양이 도에서 나왔다는 오해를 합니다. 마치 노자의 도를 실체나 본체나 존재의 근원으로 읽고, 무와 유가 순차적으로 도에서 나왔다고 오해하는 것이나 다름이 없습니다.

혹자들은 이것을 저만의 독특한 해석으로 치부할 수도 있을 것입니다. 하지만 그렇지 않습니다. 《주역》의 도 역시 저만의 독특한 해석이 아니라, 책에 그대로 쓰여있는 내용입니다. 만일 《주역》에서 도를 실체나 본체나 존재의 근원으로 보고, 음과 양이 도에서 파생되어 나왔다고 하려면, 앞서 언급한 일음일양지위도가 아니라, 일음일양위지도一陰一陽謂之道라고 했을 것입니다. '一陰一陽之謂道'에서는 중심적인 지위가 '一陰一陽'에 있고, '一陰一陽謂之道'에서는 중심적인 지위가 '道'에 있습니다. 중심적인 지위를 '道'에 두면, '道'가 실제로 존재하는 것이 됩니다. 이게 바로 《주역》에서 말하는 도입니다.

표현법에도 세계관이 드러나 있습니다. 노자에서 중심적인 지위가 유무상생에 있고 그것을 기호화한 것이 도이듯이, 《주역》에서는 중심적인 지위가 일음일양에 있고, 그것을 기호화한 것이 도입니다. 《반야심경》에서 중심적인 지위가 본무자성에 있고, 그것을 기호화한 것이 공인 것과 같은 구조입니다.

《도덕경》에서 도라는 글자를 보면, 그것을 유무상생으로 읽을 수 있어야 합니다. 《주역》에서 도라는 글자를 보면, 그것을 일음일양으로 읽을 수 있어야 합니다. 《반야심경》에서 공이라는 글자를 보면, 그것을 본무자성으로 읽을 수 있어야 합니다. 본질론과 관계론을 정확히 이해하면, 전혀 어렵거나 이상한 게 없습니다. 공이나 도를 본체나 실체나 존재의 근원으로 제시할 수는 없습니다. 그것은 사유 구조상 그렇지 않을 수 없는 것입니다.

2장

이 세상은 고통으로 가득하니,
반야의 지혜를 딛고 저쪽으로 건너간다

마하반야바라밀다

바라밀다는 '건너가기'라는 뜻입니다.

대승에서는 건너감에 있어

'함께'하는 것을 중요하게 여깁니다.

이제 《반야심경》 안으로 들어가 봅시다. 원제목은 《마하반야바라밀다심경摩訶般若波羅蜜多心經》입니다. '마하'는 '크다'라는 뜻이고, '반야'는 '지혜'라는 뜻입니다. 우리는 산스크리트어로 되어 있던 원문을 이렇게 한문으로 번역과 음역이 된 판본으로 마주합니다. 번역 과정에서 대부분은 의역하지만, 고유명사나 아주 중요한 개념들은 의역하지 않고 음역합니다. 주문呪文도 소리 나는 그대로 음역합니다.

의역하는 단어와 음역하는 단어는 어떤 원칙에 따라 나뉘는 걸까요? 그리고 이런 원칙은 누가 정한 걸까요? 이 원칙을 세운 사람이 그 유명한 손오공과 삼장법사의 이야기를 담은 기서인 《서유기》에서 삼장법사의 모델이기도 한 현장입니다. 오늘날 우리가 보고 있는 거의 모든 한문 번역의 불경은 현장이 세운 원칙에 따라서 번역되었습니다. 그가 제시한 원칙에 따라 어떤 부분은 의역을, 어떤 부분은 음역을……. 심지어 번역을 안 한 채로 그대로 둔 부분도 있지요.

마하는 크다는 뜻입니다. 그렇다면 한자어로 '크다'를 나타내는 대大로 번역할 수 있었을 텐데, 왜 그렇게 하지 않았을까요? 마하와 대, 둘 다 크다는 의미이긴 하지만, 마하에는 대에 담기 어려울 만치 크다는 의미가 있기 때문입니다. 이런 차이가 생기는 까닭은 언어적 특성으로 이해해볼 수 있습니다.

중국의 언어는 한자입니다. 한자는 대표적인 표의문자表意文字이고요. 표의문자라는 말의 뜻처럼 중국의 언어는 기본적으로 현상을 그림으로 나타낸 언어입니다. 이런 점들 때문에 추상적인 개념을 담기에는 충분치 못한 면이 있지요. 대의 개념은 '눈에 보이는 것'이 크다는 뜻입니다. 체격이 크다, 궁궐이 크다, 태풍이 크다, 달이 크다, 태양이 크다……. 아무리 범주를 넓혀도 결국 눈에 보이는 현상적인 어떤 것들이 크다는 의미에 가깝습니다. 이에 반해 산스크리스트어의 마하는 '현상을 넘어 추상적인 의미를 포함한, 우주적 차원의 의식까지도 전부 포괄하는 차원에서 크다'라는 의미입니다.

인도로 건너간 현장이 유심히 살펴보니, 인도 사람들이

말하는 크다의 개념과 중국 사람들이 말하는 크다의 개념이 너무 달랐던 것이죠. 얼핏 보면 같은 것처럼 들리는 크다라는 말이 중국 사람이 생각하는 크다라는 범주를 훨씬 벗어나 있으니, '대'라고 칭해서는 그 뜻을 제대로 전달할 수가 없었습니다. 당시 중국의 언어에는 추상적인 의미와 의식을 모두 포괄하는 마하에 딱 맞는 말이 없었기 때문입니다. 그러니 《반야심경》에서 뜻하는 '크다'라는 개념을 정확히 하기 위해 마하를 대로 옮기는 대신, 산스크리스트어 마하를 그대로 음역한 것입니다.

반야는 중국 언어로 옮기자면 지혜라고 할 수 있습니다. 하지만 대에 마하를 온전히 담을 수 없듯, 지혜라는 말도 반야를 온전히 담을 수 없기는 마찬가지입니다.

중국 사람들의 앎이라는 개념, 중국 사람들이 말하는 지혜의 의미는 먼저 '나와 타인 간의 거리와 관계를 파악하고, 이 관계에서 어떤 적절한 행위를 하는지를 안다'라는 뜻에서부터 출발합니다. 저 사람이 나와 일촌 관계인지, 이촌 관계인지, 삼촌 관계인지……. 그 관계를 안다는 뜻입니다. 그러니 타인과 나 사이의 좌표를 안다는 뜻이지요. 이는 조금 더 추상화시키고 넓혀서 보자면 이것과 저것을 구분하는 태도와 인식 능력을 의미합니다.

한편 불교의 지혜, 산스크리스트어 반야는 인간관계를 알고 이것과 저것을 구분하는 인식 능력 그리고 대상을 현상적으로 인식하는 정도에 그치지 않습니다. 그것을 한참 벗어나 이 세계의 실상, 실체, 진실……. 세계의 실상을 전체적으로, 우주적 차원에서 아는 지혜를 뜻합니다. 즉 반야의 지혜란 단순히 '어떤 것'에 대해서 인식하는 능력을 뜻하는 것을 넘어, '가장 높은 차원에서 세계 자체를 통찰하고 관계할 수 있는 아주 특별한 능력'을 의미합니다.

인간에게는 세계 자체와 직접 접촉하는 능력이 없습니다. 어떤 음식을 먹고 맛있다고 할 땐 그 음식 자체가 고유하게 품고 있는 맛, 다시 말해 그 맛의 실상을 감각했다고 하기보다는 내가 '해석한 맛'을 맛있다고 하는 것입니다. 우리는 아내 자체, 즉 아내의 실상을 사랑할 수 없습니다. 내가 해석한 아내를 사랑하는 것입니다. 우리의 느낌도 해석한 것에 대한 느낌이고, 사랑도 해석한 것에 대한 사랑입니다.

이처럼 우리는 해석한 것과 관계할 수 있을 뿐, 세계 자체와 관계할 수는 없습니다. 해석하고, 그 해석에 따라 인식하는 이 활동들은 모두 지적 활동입니다. 지식을 넘어서고 지식을 지배하는 동시에 지식에 포함될 수 없는 어떤 것까지도 품는 상태에서 세계의 실상에도 접촉하는 능력, 이것이 반야의 지혜입니다. 그러니 현장 법사가 봤을 때 인도 사람들이 말하는 지혜의 개념이 중국 언어에는 없었던 것이죠. 거기에 딱 맞는 말이 없었습니다. 그러니 반야도 그대로 음역합니다.

'바라밀다'를 보죠. '바라밀'이라고도 하는 이 산스크리스트어는 음역을 거치지 않고 발음하면, 파라미타pāramitā가 됩니다. 파라미타의 의미는 '저쪽으로 건너간다'입니다. 그런데 정확하게 살피면 바라밀다, 파라미타는 번역하는 방식에 따라서 두 가지로 해석할 수 있습니다. 《민족문화대백과사전》

에 바라밀을 설명하는 부분은 다음과 같이 되어 있습니다.

"이 말의 의미에 대해서는 여러 가지 의견이 나와 있다. 그중에서도 대표적인 것은 '피안의param + 도달한ita'이라는 과거수동분사를 여성형으로 하여 파아라미타아paramita라고 하였다는 설과 '피안에 도달한parami + 상태ta'라는 설의 두 가지이다. 보통은 후자의 설에 따라 '완성'이라고 번역한다. 또, 이를 한문으로 번역할 때는 도度라고 한다."

전자는 '저쪽으로 건너가게 된다'라고, 능동적인 방식으로 해석할 수 있습니다. 후자는 이미 '저쪽으로 건너간 상태', 이미 완료된 상태로 해석할 수 있습니다. 그래서 당나라 시대의 사람들은 이쪽의 차안此岸이 아닌 저쪽의 피안彼岸에 도달했다는 의미를 담아 도피안到彼岸으로 번역하고는 했지요. 추상적인 사유의 세계보다, 구체적인 실재의 세계를 진실로 보는 중국 사람들로서는 그렇게 해석할 수밖에 없었을 것입니다. 중국 사람들은 모든 것이 구체적으로 실재해야 진실이라 여기는 사상을 가졌기 때문입니다. 그래서 그들에게는 목적지나 도착점이 반드시 '있어야' 합니다. 이 점을 이해하기 위해서 중국에서 생기고 중국에서만 발전한 종교인 도교의 특성을 봅시다.

중국의 문호 노신魯迅은 "중국 사람들의 마음의 뿌리는 도교이다"라고 말합니다. 이처럼 도교는 중국 사람들의 심층의식에 깊이 자리하고 있습니다. 도교는 불교나 기독교처럼 현실 세계를 부정적으로 보지 않습니다. 그들에게는 현실 세계가 진실입니다. 그래서 신선의 세계는 현실이 연장된 세계이지, 현실과 단절된 세계가 아닙니다. 초기 도교에서는 신선도 죽어서 이승과 전혀 다른 곳으로 초월해 가는 것이 아니라, 육체가 승천하는 것으로 봅니다.

제가 '피안에 도착한다'라는 완료적, 상태적 해석을 받아들이지 않는 이유는 지속 부정을 기본 논리로 하는 불교 이론에 맞지 않기 때문입니다. 후자의 해석, 완성된 상태로 보는 해석은 다분히 중국적인 해석입니다. 이런 연유로 저는 바라밀다를 두 해석 중 전자의 의미, 능동적 해석으로 읽으려 합니다.

앞서 설명했듯 후자의 해석, '저쪽으로 건너간 상태'로 바라밀다의 뜻을 한정하면 결국 바라밀다는 건너가려는 목적지가 정해져 있다는 말이 됩니다. 차안과 피안이 구분되어 있고, 차안에서 피안이라는 목적지로 건너가는 일, 즉 도피안을 달성하는 것이 바라밀다가 되지요. 그런데 이런 해석은 결국 소승의 범주, 개인의 해탈解脫에서 크게 벗어나지 못합니다.

또한 앞서 이야기했듯 바라밀다가 '혼자' 건너가는 것에 중점을 둔다면 세계를 구제하는 데 있어서 어느 단계까지만 역할을 할 뿐, 어느 단계에 이른 후에는 더 나아가지 못하게 됩니다. 어느 특출난 개인이 경지에 이르고 윤회의 굴레에서 벗어나 차안에서 피안으로 넘어가더라도, 윤회에서 벗어나지 못하는 수많은 대중이 아직 남아있기 때문입니다. 다시 말해, 이 해석에서의 바라밀다는 소승에서 말하는 깨달음의 경지를 크게 벗어나지 못하게 되는 셈이지요.

대승 종교개혁은 이런 개인적인 깨달음을 넘어서기 위해 일어난 운동이었습니다. 새로운 정치·경제적 조건에 잘 적

응할 수 있는 형태로 종교의 구조가 바뀌는 것입니다. 대승에서는 '함께' 건너가는 것을 중요하게 여기고요. 그리고 대승에서는 아무리 바라밀다라고 하더라도 차안과 피안의 구분을 분명히 하지 않았을 것입니다.

대승에서 가장 강조한 것이 '불이'라 했습니다. 그러면 차안과 피안 사이의 구분을 분명히 해서는 안 되지요. 심지어는 불국과 속세 사이의 구분도 없애려 했으니까요. 그래서 전자의 해석, 즉 '저쪽으로 건너가는' 동작 자체가 바라밀다의 원 의미에 더 가깝지 않을까 싶습니다. 건너가는 행위 자체가 지혜라는 말이지요.

건너가는 것 자체, 여기서 저기로 건너가는 것이 바라밀다라면, 도피안의 도到 역시 동사적으로 봐야 할 것입니다. 제가 보기에, 멈추지 않고 지속하는 건너가기 자체를 바라밀다라고 합니다. 저는 건너가는 행위 자체가 바라밀다이지, 이상적인 어느 경지로 건너간 결과나 상태가 바라밀다는 아닐 것이라고 봅니다.

심경心經은 핵심적인 경전이라는 뜻입니다. 여기서 심心은 '마음'이 아니라 '핵심'이라는 의미입니다. 그러니 《마하반야바라밀다심경》의 의미를 정확히 우리말로 풀어보면 이렇게 됩니다. '이곳에서 저곳으로 건너가게 돕는, 반야의 지혜를 담은 핵심 경전'.

바라밀다 | 건너가기

아는 것을 디딤돌 삼아 모르는 것으로

넘어가려고 발버둥 치는,

이 모습이야말로 가장 인간적인 태도입니다.

바라밀다, 즉 건너가기란 모든 종교, 과학, 사상, 기술, 삶에서 인간이 발휘하는 능력 가운데 최고의 능력이라 봐도 과언이 아닙니다. 건너가기란 문명의 동력인 창의적인 활동의 핵심 능력이기 때문입니다.

인간은 문명을 건설하는 존재입니다. 영혼이 병들지 않는 한, 인간은 문명을 부정할 수 없습니다. 인간은 문명을 건설하는 존재이고, 문명을 건설할 때 인간이 하는 활동을 문화文化라 칭합니다. 문화란 무엇인가를 하거나 만들어서 변화를 야기하는 활동입니다. 이렇게 되면, 사람들 가운데 세상에 더 공헌하는 사람은 무언가를 하거나 만들어서 변화를 야기하는 사람이 되겠죠.

그렇습니다. 인간은 가장 근본적인 의미에서 문화적 존재입니다. 인간에 대하여 이보다 더 근본적인 정의는 있을 수 없습니다. 가장 근본적인 의미에서 문화적 존재라는 말은, 인간을 규정하는 어떤 특성도 문화적 존재라는 전제를 딛고서야 가능하다는 의미입니다. 그리고 이 정의가 내려지는 순간 사람은 두 층위로 나뉩니다. 무언가를 생각하여 무언가를 하거나 만들어서 변화를 야기하는 사람과, 누군가가 야기한 변화를 수용하는 사람으로 말입니다.

변화를 야기하려면, 멈춰 있지 않아야 합니다. 멈추면 멈춰 선 그 자리가 그 사람의 한계선입니다. 딱 거기까지만 살다 갈 것입니다. 이런 지경에 이르면 어쩔 수 없이 계속 다른 사람으로부터 위로를 구걸하거나, 힐링을 찾으며 심리적인 편안함을 행복으로 착각하다 가는 수밖에 다른 길이 없습니다. 한 번 가진 확신이나 이념을 평생 지키는, 고루한 동네 현자鄕原를 넘어서지 못합니다. 멈추면 끝입니다. 딱 거기까지입니다. 사람이 사람으로 완성되는 길을 걷기 위해서는 건너가기를 실천할 수밖에 없습니다.

이것을 가장 잘 보여주는 예술 작품이 자코메티의 〈걷는 사람〉일 것입니다. 자코메티의 음성이 들리는 듯합니다. "건너가기 외에 다른 길은 없다", "멈춰 서서 죽음을 기다리지 말고, 끝까지 걷다가 죽어라". 사람들은 보통 건너가는 자를 자유롭다고, 창의적, 독립적, 주체적이라고 평가합니다. 대신 건너가기를 멈추고 다른 사람이 야기한 변화를 받아들이거나 수용하기만 하는 사람은 종속적이라고 평가합니다.

자유로운 자는 건너가는 자입니다.
독립적인 자는 건너가는 자입니다.
창의적인 자는 건너가는 자입니다.
주체적인 자는 건너가는 자입니다.

대답하는 자는 멈춰 있는 자이고, 질문하는 자는 건너가는 자입니다. 모든 질문은 아직 해석되지 않은 곳을 상상하는 행위입니다. 아직 설명되지 않은 것을 꿈꾸는 행위입니다. 그러니 질문은 바라밀다이고, 대답은 상에 갇혀 멈춰 선 격입니다.

인간이 근본적인 의미에서 문화적 존재라면, 인간은 건너가는 자로 태어난 것이 확실합니다. 인간은 건너가도록 태어난 존재이므로, 깨달음이란 결국 자기가 어떤 모습으로 태어났는지를 각성하고, 그대로 살 수 있는 용기를 회복하는 과정이라고 할 수 있습니다.

지혜는 지적 능력과 매우 밀접한 관계를 맺습니다. 심지어 지혜는 지적 능력 그 자체라 할 수도 있습니다. 인간이 어떤 것에 대해서 지적으로 이해하는 것. 그것을 '앎'이라고 합니다. 하지만 해석된 것, 설명된 것을 받아들이는 지적 활동은, 즉 지식을 흡수하기만 하는 지적 활동은 멈춰선 것이나 다름없습니다. 이 멈춰선 지식을 디딤돌 삼아 다시금 모르는 곳, 아직 해석되지 않은 곳으로, 아직 설명되지 않은 곳으로, 아직 알려지지 않은 곳으로 건너가려고 몸부림치는 것, 이것이 지금 맥락에서의 앎입니다.

짧게 말하면, 진정한 앎은 건너가려는 몸부림 자체입니다. 자녀나 학생들에게 무엇을 알게 해주느라 애쓰다가 알고 싶어 하는 마음을 없애버리는 우를 범하는 것이 얼마나 비인간적인 태도인가를 알 수 있습니다. 알고 싶어서 몸부림치는 자가 인간이고, 천재이고, 아는 자입니다. 알고 싶어 하는 몸부림이 바로 건너가기죠. 다시 말해 건너가는 것. 이것이 아는 것이고, 이것이 지혜입니다. 건너가는 태도 자체가 바라밀다입니다.

피안이라는 아주 높은 경지가 정해져 있고, 정해진 그 높은 경지를 향해서 부단히 나아간다고 하면 아주 멋진 이야기로 들릴지도 모르겠습니다만, 이것만이 바라밀다는 아닙니다. 어디에 서 있건 지금 이 자리에서 자기가 알고 있는 것을 바탕으로 해서 다음을 도모하는 것, 익숙함을 뒤로 하고 낯설면서도 위험하고도 해석되지 않은 곳으로 건너가는 용기 있는 동작, 이것이 바라밀다입니다.

나를 키우는 지혜

지혜를 가진 사람은 보시가

나의 몫을 떼어서 주는 것이 아니라,

나를 더 단단하게 하고 넓혀준단 것을 압니다.

최고 경지로 오르기 위한 수행 방법인 팔정도八正道를 소승의 교리로 보는 견해도 있습니다. 소승과 대승을 다른 것으로 구분하는 것 자체가 문제라는 견해도 있습니다. 물론 불교 교리에 어떻게 소승만의 것이 있겠습니까. 모든 불교 교리는 대부분 소승 대승 상관없이 다 해당합니다.

다만, 팔정도가 여덟 가지의 '바른길'이라는 명칭에서 느껴지는 적극적이고도 긍정적인 태도 때문에 소승만의 것처럼 보이는 면이 있기는 합니다. 긍정적인 정체성을 갖는 것끼리의 대립적 구분을 해소하기 위해서 각각의 정체성을 오히려 흐릿하게 하려는 불이의 정신과는 다르게 보일 수 있기 때문입니다.

여덟 가지의 바른길인 팔정도는 이렇게 되어 있습니다. 정견正見, 올바로 보라. 정사유正思惟, 올바르게 생각하라. 정어正語, 올바르게 말하라. 정업正業, 올바르게 행동하라. 정명正命, 올바르게 생활하라. 정정진正精進, 올바른 태도로 정진하라. 정념正念, 올바른 의식을 가져라. 정정正定, 올바르게 고요함을 유지하라.

팔정도에는 불교 교리에서 말하는 최고 단계의 경지에 이르기 위한 여덟 가지의 수행 태도를 모두 담고 있습니다. 수행 방법으로서의 팔정도에 해당하는 것이 《반야심경》에서는 바라밀다입니다. 앞에서 말했듯 바라밀다는 바라밀이라고도 합니다. 바라밀은 여섯 가지의 방법으로 채워져 있습니다. 이것이 육바라밀입니다. 소승과 대승을 구분해서 말한다면, 소승에서의 팔정도가 대승에서는 육바라밀에 해당한다고 할 수 있습니다.

팔정도가 주로 개인 차원의 것이라면, 육바라밀은 남과 함께 하는 차원의 것이 포함되어 있습니다. 보살행인 거죠. 육바라밀은 나와 남을 완성하는 길, 즉 건너가기를 하게 하는 보살의 여섯 가지 실천이라는 뜻입니다. 그래서 육바라밀을 대승의 실천 방안이라고 하기도 합니다. 육바라밀은 반야般若, 보시布施, 지계持戒, 인욕忍辱, 정진精進, 선정禪定, 여섯 가지입니다.

보시란 조건 없이 기꺼이 자신의 것을 나누는 수행입니다. 지계란 계율을 지킨다는 뜻입니다. 인욕이란 번뇌를 비롯하여 모든 거슬리는 일과 욕된 일을 참고 견딘다는 의미입니다. 정진이란 꾸준하게 나아가는 것을 뜻하지요. 선정은 자기 마음과 정신을 똑바로 지키는 것, 혹은 고요 속에서 똑바로 만들어내는 것입니다. 스스로 하나의 실천행도 되지만, 다섯 가지의 다른 바라밀을 포함하는 대표 바라밀이 반야바라밀입니다.

특히 보시나 인욕은 개인의 수행으로 끝나는 행위가 아닙니다. 그 자체가 대중과의 관계로 이어집니다. 혼자 건너가는 행위가 아니라는 뜻입니다.

보시바라밀부터 봅시다. 보시란 보통 타인에게 무엇인가를 주는 행위입니다. 무엇인가를 타인에게 주는 행위가 도대체 수행과 무슨 관계가 있을까요. 수행이란 세계에 대한 인식이나 태도의 폭, 높이, 질감을 키우고 확장하는 일입니다. 내가 무엇인가를 타인에게 주는 행위는 내가 가지고 있는 것을 떼어서 내 몫을 줄이고 타인의 몫을 키워주는 행위인데, 이것이 보시하는 사람을 어떻게 더 나은 사람으로 만들어주는 것일까요?

나한테 있는 것을 떼어서 저 사람에게 줄 때, 내 인식 범위와 관심의 범위는 나를 넘어 나 바깥의 저 사람에게까지 확대됩니다. 그러면 나의 영토는 좁아졌다고 보아야 할까요, 넓어졌다고 보아야 할까요? 물론 넓어졌다고 보아야 합니다. 보시를 통해서 내가 인식하는 범위와 통제하고 관리하는 범위가 보시하기 이전보다 더 넓어지니 내가 더 넓은 경험을 하게 되고, 이 경험으로 나는 더 넓어지지요.

개념이 잘 와닿지 않을 수 있으니, 조금 더 피부에 와닿는 예를 들어보겠습니다. 기업의 사회적 기여라는 행위가 어떤 나라에서는 잘 이루어지고, 어떤 나라에서는 잘 이루어지지 않습니다. 그것이 원활한 나라에서는 사회적 기여를 브랜딩이자 평판의 상승이라는, 자기 영토의 확장으로 이해하는 기업이 많기 때문일 것입니다.

이에 반해 사회적 기여가 원활하지 않은 나라에서는 사회적 기여라는 행위 자체가 자신의 소유를 줄이는 것이라는 인식, 즉 자기 몫을 줄이는 행위라고 이해하기 때문에 그럴 것입니다. 사회적 기여라고 해도, 그 경험을 통해서 인식의 범위나 통제의 영역을 더 키운다는 인식까지는 이르지 못했기 때문이 아니겠습니까. 사회적 기여가 기업에도 이익이 된다는 인식이 있어야 그런 일이 활발해질 것입니다.

조금 더 노골적으로 말해 사회적 기여를 손해로 여기는 한, 사회적 기여는 활발해지지 않을 것입니다. 사회적 기여라는 건 결국 그 행위를 통해서 내가 깨달음의 길로 한 발짝 더 나아가고, 내가 더 깊어지고, 내가 더 넓어지는 행위를 의미합니다. 그러니 결국 내가 건너가는 행위인 셈입니다.

대승에서 육바라밀이 제시되었을 때, 건너가는 방식에 보시가 들어간 것은 매우 큰 의미가 있습니다. 바라밀다, 즉 건너감의 지혜를 가진 사람은 내가 타인에게 베푸는 행위가 나의 몫을 떼어 주는 것이 아니라, 오히려 나를 더 단단하게 하고 넓혀준단 것을 아는 사람입니다. 지혜가 없으면 보시란 기껏해야 내 손해를 감수하는 행위가 되고, 지혜가 있으면 나를 확장하고 넓히는 행위가 됩니다.

보시는 베푸는 일입니다. 베풀면 인과응보의 원칙에 따라 복을 받는다고들 합니다. 하지만, 베푸는 행위 자체가 직접 복을 짓는 일은 없습니다. 누가 봐도 잘 베푸는 사람인데, 복을 받지 못하고 사는 사람도 있지 않습니까. 이런 경우만 보아도 베푸는 행위가 바로 복을 주는 것이 아님을 알 수 있습니다.

베푸는 일에 두 종류가 있다고 해봅시다. 하나는 뭔가를 베풀고 그에 상응하는 보답을 바라는 베풂, 다른 하나는 아무런 보답을 바라지 않으며 하는 그냥 베풂입니다. 보답을 바라지 않는 베풂은 얼핏 칸트의 동기주의 윤리학을 떠올리게 하지 않습니까.

베풀고도 아무런 보답을 바라지 않는 행위가 수준 높은 행위라면, 그렇게 해서 복을 받는 것은 당연하지 않겠습니까. 그렇다면, 왜 아무런 보답을 기대하지 않으며 베풀 때가 보답을 바라며 베풀 때보다 더 복을 받을 확률이 커질까요. 아무런 보답을 바라지 않고 베푸는 행위가 훨씬 더 지적이기 때문입니다.

뭔가를 베풀고 보답을 바라는 것이 자연스럽고, 본능에 가까울까요. 아니면, 베풀고도 보답을 바라지 않는 것이 더 자연스럽고 본능에 가까울까요? 아마도 뭔가를 베푼 만큼의 보답을 바라는 것이 훨씬 더 자연스러운 감정일 것입니다. 본능에 더 가깝겠지요. 인간은 자연스러운 감정과 본능을 극복하면서 더 나은 인간이 됩니다. 어쩔 수 없습니다. 인간은 그런 존재입니다.

자연스러운 감정과 본능을 극복하고 얻어진 능력을 '지적 능력'이라고 합니다. 자연스러운 감정에 따르면 사람은 조그만 것도 과시하고 싶어집니다. 겸손은 그래서 수준 높은 지적 능력임을 모두가 알지만 행하기가 그렇게 어렵습니다. 겸손한 사람이 겸손하지 않은 사람보다 더 성공할 확률도 커지고, 더 나은 사람이 될 확률도 커지는 것입니다. 용기나 절제나 생각도 모두 지적 능력입니다. 이런 까닭에 소크라테스가 용기를 '지적 인내'로 정의한 것은 매우 합당합니다. 지적 능력이 있는 사람이 그렇지 않은 사람보다 더 나은 인간이 될 확률이 커집니다.

뭔가를 베풀면서도 보답을 기대하지 않는 것은, 보답을 바라는 자연스러운 본능을 이겨 낸 지적 행위입니다. 어떤 사람이 아무런 보답을 바라지 않고 그냥 뭔가를 베풀었다면, 그는 보답을 기대하는 자연스러운 감정과 본능을 극복해보는 경험을 한 것입니다. 이 경험이 그의 내면과 의식을 더 넓고, 높고, 단단하게 키워줍니다. 내면과 의식이 더 넓고, 높고, 단단하게 키워지면, 그의 시선은 더 높아질 것이고, 더 정확해질 것입니다.

따라서 보시하는 사람은 지적으로 성장하게 됩니다. 지적으로 성장하면, 시선이 더 높아집니다. 더 높아진 시선을 가지면, 매사에 더 좋은 선택을 할 가능성이 커집니다. 더 좋은 선택이 차츰 반복되면, 크고 작은 성취를 이룰 가능성이 더 커질 것입니다. 크고 작은 성취를 얻는 것을 보고 다른 사람들이 복이 많다고 해주는 것입니다.

보시바라밀이 직접 복을 주지는 않습니다. 하지만 보시바라밀을 실천하며 내면과 의식이 성장하고, 그 성장이 더 좋은 선택을 가능하게 해줍니다. 따라서 현실적인 성취를 이룰 가능성이 더 커지는 셈입니다. 아무런 보답을 바라지 않고 베푸는 것 자체가 복으로 돌아오기보다는, 그렇게 한 번 두번 해보면서 얻어지는 지적인 성장이 성취를 이루게 해줄 가능성을 키워주고, 그 결과로 복을 받습니다.

그래서 실천이 중요합니다. 앎을 실천하기는 항상 어렵습니다. 하지만, 앎은 항상 실천을 거치며 크고 단단해집니다. 붓다는 육바라밀로 이론적인 지혜를 치밀하고 설득력 있게 만들려고 하지는 않았을 것입니다. 그것보다는 육바라밀을 실천행으로 제시함으로써, 실천에서 지혜가 나온다는 것을 알게 해주고 싶었을 것입니다.

반복의 힘

깨달음이란 생경한 것이 아닙니다.

누가 단순한 행위를 오랫동안 반복하느냐의 문제입니다.

지계바라밀은 계율을 지키는 것입니다. 이것은 굉장히 중요합니다. 계율은 누군가가 부과한 것이 아니라, 자기 스스로 자신에게 강제하는 규칙입니다. 물론 수행자끼리 모여 공동으로 수행할 때는 모두 다 함께 지켜야 하는 규칙이 되겠지만, 이런 규칙마저도 근본적인 의미에서는 자청한 것이지 부과된 것은 아닙니다. 부과된 것은 오래 할 수 없습니다. 자청한 것은 오래 할 수 있습니다. 부과된 것을 오래 하는 사람은 바보일 가능성이 큽니다.

친구 중에 낙향한 친구가 있습니다. 낙향한 후에 동네에 있는 공부방에서 《논어》를 공부한다고 합니다. 그런데 《논어》를 공부하다 보니, 학자마다 다 다른 해석을 내놓아 난감하다고 합니다. 그러면서 누구의 《논어》가 진짜 《논어》인지 모르겠다고 했습니다. 어디서 제대로 된 《논어》를 배울 수 있는지를 제게 물었습니다.

저는 이렇게 말했습니다. "자네가 온종일 밖에서 일하고 돌아와서 저녁밥 대충 먹고, 《논어》 한 권 옆구리에 끼고 지친 몸을 이끌고서, 30분이나 걸어서 《논어》를 공부하러

매주 한 번씩 가잖아. 지금 진짜 《논어》가 누구한테 있는지 찾지 마소. 진짜 《논어》는 자네가 매주 같은 시간에 졸린 눈을 비비며 같은 거리를 찾아가는 그 규칙적인 반복 행위, 거기에 있어."

계율이나 규칙을 지키는 일의 특징은 반복에 있습니다. 반복해야 넓어지고, 차이가 생깁니다. 차이가 바로 만들어지고, 넓이와 높이가 바로 만들어지면 얼마나 좋겠습니까. 하지만 세상 이치는 그렇지 않습니다. 내 친구도 《논어》를 찾아가는 규칙을 오래오래 지키면, 넓어지고 차이가 만들어져서 자신의 반복이 허락하는 언젠가에 진짜 《논어》를 만나게 될 것입니다.

깨달음에 이르고 싶은 사람이라면, 혹은 지적으로 좀 더 진일보하고 싶은 사람이라면, 자신만의 규칙을 정해서 부단히 반복해야 합니다. 깨달음이라고 하는 어떤 묘한 경지는 누가 단순한 행위를 오랫동안 반복하느냐로 결정됩니다. 계율은 지켰다 안 지켰다 하거나 잠깐 지키다 마는 일이 아닙니다. 평생 지키는 것입니다. 그것이 삶이 될 때까지.

제 어릴 적 얘기를 해볼까 합니다. 제 어머니께서는 콩을 광에다가 보관해 두셨는데, 어느 날 보니 콩이 벌레를 많이 먹었더랍니다. 벌레 먹은 콩은 쓸 수가 없습니다. 어머니께서는 볕이 잘 드는 마루에다 콩 한 자루를 풀어놓으시고서는, 같이 골라내자고 하셨습니다. 콩 한 자루를 마루에 풀어놓고, 그 콩 더미에서 벌레 안 먹은 콩을 한 알씩 솎는다고 상상해보십시오. 엄두가 나지 않습니다. 제게는 해서도 안 되고, 할 수도 없는 일로 느껴졌습니다.

그래도 어머니께서 몸소 앞장서시는데 나 몰라라 할 수는 없지요. 어머니가 엎드려서 콩을 솎기 시작하시자, 저도 반대쪽에 엉거주춤 엎드렸습니다. 당시에 제가 초등학교 4학년쯤이었으니, 얼른 나가서 뛰어놀고 싶을 나이였지요. 가만히 엎드려서 한 자루나 되는 콩을 솎는다고 생각하면 지금도 쉽지 않게 느껴지는데, 초등학교 4학년이던 꼬마에게는 얼마나 막막하게 느껴졌을까요. 하기 싫었지만 다른 길이 없었습니다. 그날 하루는 그 일에서 벗어날 수 없음을 알고, 만사를 포기하였습니다. 그리고 콩을 솎기 시작했습니다.

처음에는 굉장히 지루하고 지겹게 느껴졌습니다. 속된 말로 죽을 맛이었지요. 그토록 지겨운 시간이 한참을 흐릅니다. 그런데 그 지겨운 시간을 지겹게 보내는 어느 순간에 제가 이것을 솎고 있는지도 모를 정도로 '내가 내가 아닌 것 같은 때'가 옵니다. 아마 콩 솎기가 아닌 다른 방식으로 이런 감각을 느껴본 분도 분명 있으실 겁니다. 내가 나로 느껴지지 않는 때……. 그때는 한 번도 경험해보지 못한 묘한 쾌감 같은, 느긋한 평온함이 찾아옵니다. 같은 행위를 반복하고 또 반복하니까 말이지요. 이것이 지계입니다.

계율이란 보통 무엇을 하지 말라거나 하라거나 하는 형식으로 되어 있습니다. 부정적이든 긍정적이든 뭔가를 지켜야 합니다. 간음하지 마라, 도둑질하지 마라, 일찍 일어나라 등을 생각할 수 있는데, 이런 계율을 지킨다는 것은 결국 반복을 뜻합니다. 한 번만 지키고 바로 다음부터 안 지켜도 되는 것이라면, 그것은 계율이 아닙니다. 그러니 계율을 지키는 일의 핵심은 바로 반복입니다. 반복하고 또 반복하면, 콩 솎기를 쉼 없이 반복하다가 내가 원래의 내가 아닌 듯한 느낌을 주는 특별한 경지에 이르듯이, 반드시 그 이전과 달리 전혀 새롭게 변하는 자신을 느낄 수 있습니다.

제가 달리기에 빠진 적이 있었습니다. 달리기야말로 단순 반복의 전형 중 하나이지요. 왼발과 오른발을 교대로 땅을 딛게 하는 지겹도록 단순한 반복입니다. 달리기를 처음 시작할 때는 얼마나 지겨웠는지 모릅니다. 왼발 뛰고, 오른발 뛰고, 왼발 뛰고, 오른발 뛰고……. 콩을 하나씩 솎을 때의 지겨움과 다를 바가 하나도 없습니다.

달리기를 처음 시작할 때, 출발하고 4, 5km 정도 뛸 때는 정말 지겹고 힘듭니다. 그런데 이 고통의 시간이 지나고 나면, 감각이 달라지는 순간이 옵니다. 마치 내가 달리는 게 아니라, 내 다리가 절로 달려지는 것 같습니다. 힘도 들지 않고, 편안하며, 지구 끝까지라도 갈 수 있을 것만 같은 자신감도 들지요. 구름 위에서 아무런 저항 없이 왼발과 오른발을 반복적으로 바꾸는 발놀림만 하는 것 같은 느낌입니다. 힘이 하나도 들지 않습니다. 왼발과 오른발을 땅에 딛는 단순한 동작을 반복적으로 하면, 즉 규칙을 지키는 반복적인 행위를 지속하면 특별한 경지가 선물처럼 오는 것입니다. 규칙을 지키는 단순한 행위를 반복하고 또 반복하면 지혜로운 사람이 된다는 것이 지계바라밀의 의미입니다.

다음으로는 인욕바라밀입니다. 인욕 역시 매우 중요한 수행입니다. 어떨 때는 자신을 지키기 위해서 욕됨, 치욕, 비난을 견뎌야 합니다. 여기서 저기로 넘어가는 건너가기를 할 때, '여기'에서는 다른 많은 이들과 인식의 틀이나 문법이 오랫동안 공유되고 있습니다. 그러니 평가 기준이 그렇게 다르지 않습니다. 문법을 공유하는 사람들끼리 서로 박수하고, 칭찬하고, 북돋으면서 지내다가 이탈하여 저곳으로 건너가려고 하면, 비난을 받거나 욕을 먹게 됩니다.

건너가기가 일어나는 순간에 '저기'의 문법은 아직 인정받을 정도로 성숙되지 않은 상태입니다. 그래서 건너가는 자에 대한 평가는 그리 호의적이지 않을 수 있습니다. 아니, 대개가 부정적으로 평가하고, 때로는 이상하다거나 나

뻐다고까지 하지요. 붓다도 브라만들의 비방과 폄훼를 견뎌야 했고, 예수도 율법주의자들이 가하는 치욕을 견디며 자신만의 진리의 세계를 구축하였습니다.

치욕에 무너지면 건너가지 못합니다. 건너가려면 치욕을 견뎌내야만 합니다. 치욕을 견디는 일이 지혜가 되고 건너가기가 되는 것은, 치욕을 견디고 나면 그 이전의 자신과 확연히 달라지면서 되고 싶은 자기가 될 수 있기 때문입니다.

이런 치욕과 비난이 가까이로는 부모로부터 가해지는 경우도 많습니다. 철학을 하고 싶은 자녀에게 경영학이나 의대를 가지 않는다고 하는 비난도 자녀에게는 치욕이 될 수 있습니다. 기타를 치고 싶은 자녀에게 고시 공부를 하지 않으면 학비를 끊겠다고 협박할 때도 자녀는 치욕을 느낄 수 있습니다. 되고 싶은 자기가 분명할 때는 이런 치욕을 견디고 이겨내야 합니다. 자신을 지키고자 할 때는 견뎌야 할 치욕이나 비웃음이 이보다 훨씬 많습니다.

성스러운 자리

고요한 곳으로 자기를 인도해 가려고 하는 사람이
고르는 자리가 바로 성스러운 자리입니다.

정진바라밀은 꾸준하고 묵묵하게 오래 행한다는 의미이지요. 우리나라는 아직 지식 수입국입니다. 지식 생산국이 아닙니다. 우리는 아직 추격국가의 삶을 살고 있을 뿐, 선도국가로서의 삶은 살지 못하고 있습니다.

어느 날, 젊은 교수들과 얘기를 나눌 기회가 있었습니다. 그중에 한 분이 자신과 같은 분야에 있는 어떤 미국 학자를 존경한다고 하더군요. 그 미국 학자는 자신보다 열두 살이나 어림에도 불구하고, 자신보다 연구 업적이 더 훌륭한 까닭에 존경한다고 했습니다.

실력을 인정하고 겸손한 이 태도는 칭찬받아야 마땅합니다. 하지만, 저는 여기에 괜히 딴지를 걸어봤습니다. "존경이 미덕이기는 하나, 어떻게 자신과 같은 분야에서 자신보다 실력이 더 좋은 사람을 그렇게 쉽게 존경할 수가 있습니까? 프로의 세계에서는, 적어도 같은 분야에 있는 사람이라면 그를 경쟁자로 봐야지 그렇게 쉽게 존경하면 안 된다고 생각합니다. 왜 질투하지 않고 존경합니까?"

누군가를 존경하는 태도는 겸손하고 성숙한 사람의 태

도라 할 수 있습니다. 하지만 전문적인 한 분야에 자신의 선택으로 자신을 던진 지식인이라면, 최고가 되겠다는 야망을 품고 최선을 다해 정진해야 하기도 합니다. 그렇지 않으면 어중간한 상태에서 어중간한 직업인으로 살다 가는 수밖에 없습니다.

다시 말해 최고가 되겠다는 야망을 품으면, 누군가를 쉽게 존경할 수 없습니다. 아주 오랜 후에는 가능하겠지요. 다만 너무 빨리 누군가를 존경할 필요는 없습니다. 건너가기를 이루는 삶을 살겠다는 것도 큰 야망입니다. 깨달음에 이르겠다는 것도 큰 야망입니다. 지혜로운 사람이 되겠다는 것도 큰 야망입니다. 야망을 가진 사람은 반드시 정진해야 이룰 수 있습니다. 정진하는 힘이 약하면, 쉽게 지칩니다.

붓다의 가르침을 좋아하는 사람들 가운데는 무언가를 이루려고 하는 적극적인 태도를 수준이 낮은 것으로 보는 이가 적지 않습니다. 야망이라는 단어에도 거부감을 느끼는 사람이 많다는 것도 압니다. 붓다가 대발원大發願을 세우는 것을 얼마나 강조했는지, 용맹정진을 얼마나 강조했는지를 모르기 때문입니다. 정진해야 건너갈 수 있습니다. 정진하는 태도를 잃으면, 바로 멈춰서게 됩니다. 멈춰선 인간은 앉고 싶어집니다. 대개 이렇게 됩니다. 그러니 물러섬 없이 정진해야 합니다. 끝까지. 어쩔 수 없습니다. 인간은 그렇게 태어났습니다.

선정바라밀에서 선정은 마음과 정신을 똑바로 지킨다는 의미입니다. 미셸 푸코는 '자기 배려'라는 개념을 제시합니다. 자기 배려란 자기를 지킨다는 뜻입니다. 자기를 지키고 자기를 배려하는 첫걸음이란 수선스럽고 번잡한 곳에 자기를 두지 않는 것입니다. 수선스럽고 번잡한 곳에 자기를 두지 않는 것, 이것이 자기 지키기의 시작입니다.

수선스럽고 번잡한 곳에 자기를 두지 않고, 고요한 곳으로 자기를 인도합니다. 그 자리가 바로 자신의 성소입니다. 고요한 곳으로 자기를 인도해서 가려는 사람이 고른 자리가 바로 성스러운 자리입니다. 나를 고요한 어떤 곳으로 데려

가고 싶다는 마음을 먹고 발견하는 장소, 거기가 바로 자신의 성스러운 자리라는 말입니다. 성스러운 그 자리에 자기를 앉히고, 자기를 지키려 노력하고, 자기를 사랑하려 노력하고, 자기를 믿으려고 노력하고, 자기를 배려하려 노력한다면 지혜로운 자가 되어서 건너가기가 일어납니다. 이 성스러운 공간에서 고요를 지키는 일을 선정이라고 합니다.

성스러운 공간이라는 추상적인 말 때문에 막연할 수 있지만, 선정바라밀을 행하는 자체는 전혀 어렵지 않습니다. 지금 이 책을 덮으신 뒤에 30분 정도 자기만의 고독한 시간을 가져보도록 합니다. 자기만의 시간을 가지며, 바르게 앉거나 바르게 서서 자신에게 물어봅니다. 나는 이 짧은 인생을 어떻게 살다 갈 것인가. 나는 어떤 사람이 되고 싶었던가. 내가 진짜 원했던 것은 지금 어디로 갔는가. 내가 진짜 원하는 게 뭐였던가 하는 것들을 한 번 물어봅시다.

짧은 30분의 시간 동안 자신에게 몰입할 수 있다면, 그 한 번의 선정만으로도 이전에 경험해보지 못한 어떤 느낌이 옵니다. 뭔지 정확히 표현하기는 어렵지만, 또 아주 조금이지만 '아, 내가 조금은 다른 사람이 되었구나' 하는 느낌이 들 것입니다.

어디든지 자기가 자기만 있는 고요한 곳으로 자기를 인도하고 싶은 마음이 생길 때 자기가 고른 그 자리. 그곳이 성스러운 자리요, 그곳이 교회요, 그곳이 성당이요, 그곳이 절입니다. 그 자리에서 자기를 지키는 행위. 이를 선정이라 합니다. 선정은 자신을 고요에 머물게 하는 것이기도 합니다. 고요에 대하여 제가 써본 짧은 글을 아래에 붙입니다.

고요에 들라

해가 뜨는 것은 고요를 깨는 것이고

해가 지는 것은 고요 속에 드는 것이라 말하지 마라.

뜨는 해에다 자신을 맡기지 않고

지는 해에도 자신을 맡기지 않고

뜨는 해와 지는 해를 편견 없이 대하는 것이 고요다.

걷는 것은 고요를 깨는 것이고

가만히 앉는 것이 고요라 말하지 마라.

걷는 것과 앉는 것을 평등하게 대하는 것이 고요다.

사랑은 고요를 깨는 것이고

이별은 고요에 드는 것이라 말하지 마라.

사랑하다 이별하고

이별한 사람이 새 사랑을 시작하는 것을

원래 그런 것으로 인정하는 것이 고요다.

밤이 와서 고요에 드는 것이 아니다.

부산한 하루를 떠나보내는 것이 고요가 아니다.

밤이 지나면 낮이 오고,

낮이 지나면 밤이 오는 것,

왕복이나 순환 그 자체가 고요다.

날던 새가 나뭇가지에 앉아 다리를 접어 쉬고

접은 다리를 펴서 용수철처럼 튀어 올라

다시 나는 것이 고요다.

날면서는 다리를 접고 쉬던 일을 잊지 않고

다리를 접고 쉬면서 날 일을

비밀스레 꿈꾸는 일이 고요다.

생과 사가 둘이 아니고

선과 악이 둘이 아니고

동과 이가 둘이 아니고

애와 증이 둘이 아니고

미와 추가 둘이 아니고

앞과 뒤가 둘이 아니고

과거와 미래가 둘이 아니고

너와 내가 둘이 아니다.

둘이 아니어서 고요다.

둘로 쪼개지는 소리에 고요도 깨진다.

고요에 들면 너는 너로 있고,

둘로 쪼개지면 네게 너 아닌 것이 침투한다.

고요에 들어야 보인다.

보여야 관찰할 수 있다.

관찰해야 보여지는 대로 볼 수 있다.

보여지는 대로 봐야

이익이 크다.

고요하면

네 안에 든 너 아닌 것에

주인 자리를 뺏기지 않는다.

네 안의 너 아닌 것에

휘둘리지 않는다.

네가 너로 존재하면

그것이 고요다.

네가 너의 주인이면

그것이 고요다.

고요하면

세상이 다 네게로 온다.

오직 고요에 들라.

육바라밀 중 앞에서 말한 다섯 가지 바라밀은 모두 구체적입니다. 이와 달리 마지막, 반야바라밀은 지혜의 바라밀로서 이치나 원리에 가깝습니다. 그래서 반야바라밀은 하나의 바라밀이기도 하지만, 다섯 가지의 다른 바라밀을 모두 포괄하는 우두머리 바라밀이라고도 할 수 있습니다.

반야바라밀을 의인화한 반야바라밀보살, 반야보살을 보살의 어머니 혹은 붓다의 어머니佛母라고 부르는 것과도 비슷한 까닭입니다. 보살의 어머니가 반야보살이듯이, 바라밀의 어머니가 반야바라밀입니다. 반야바라밀은 열반으로 가는 길, 즉 건너가기의 최상의 길인 것입니다.

반야바라밀은 세계가 본래부터 본질을 근거로 하는 실체가 아니라, 인연으로 연합된 무본질의 공空이라는 것을 깨닫는 지혜입니다. 보시, 지계, 정진, 인욕, 선정바라밀 모두 세계가 공이라는 원리 안에서 일어나는 수행입니다. 공의 이치를 깨달아야 선정바라밀을 잘 행할 수 있고, 공의 이치를 깨달아야 지계바라밀을 잘 행할 수 있고, 공의 이치를 깨달아야 인욕바라밀을 잘 행할 수 있고, 공의 이치를 깨달아야 정진바라밀을 잘 행할 수 있고, 공의 이치를 깨달아야 보시바라밀을 잘 행할 수 있습니다. 그래서 공의 이치를 깨닫는 반야바라밀이 우두머리 바라밀인 것입니다. 공의 이치를 실천하는 수행이 바로 반야바라밀입니다. 우리는 반야바라밀을 우두머리로 하는 육바라밀의 실천을 통해서 건너갈 수 있게 됩니다. 건너가는 사람이 됩니다.

언제까지나 잊지 않고 새겨둬야 하는 점은, 바라밀다가 인식의 문제가 아니라 실천의 문제라는 점입니다. 몸소 행하지 않으면 안 되는 것입니다. 아는 것만으로는 안 됩니다. 공이 무엇인지를 아는 것만으로는 고통에서 벗어날 수 없고 성공할 수 없습니다. 공이 무엇인지 설명할 수 있다고 고통에서 벗어날 수 있는 것이 아니고 성공하는 삶을 살 수 있는 것도 아닙니다. 공을 지식으로 얼마나 깊이 잘 알고 있든, 아무리 잘 설명하든, 바라밀을 행하지 않는 사람은 '자기 자신 이상'으로 건너갈 수 없습니다. 지식만으로 지혜가 열리는 일은 세상에 없습니다.

세계에 존재하는 모든 지혜는 결국 각자 나름의 건너가기를 통해서 시작되고 또 완성됩니다. 제가 제일 좋아하는 경전이 《반야심경》인 이유도 바로 이 때문입니다. 건너가기를 분명한 주제로 설정하고, 건너가기의 근거로 세계가 공임을 밝히면서, 그 실천 방법을 구체적으로 풀어낸 경전이 바로 《마하반야바라밀다심경》입니다.

오온 — 색수상행식

觀自在菩薩 行深般若波羅蜜多時

관자재보살 행심반야바라밀다시

照見五蘊皆空 度一切苦厄

조견오온개공 도일체고액

관자재보살이 반야바라밀다를 아주 깊이 실천할 때

세계가 모두 공하다는 것을 두루 알게 되었고,

모든 고통에서 벗어날 수 있었다.

《반야심경》은 관자재보살觀自在菩薩이 주어가 되어 시작합니다. 관자재보살을 관세음보살觀世音菩薩이라고도 합니다. 저는 경의 전체적인 의미를 따져서 관자재보살이 더 맞는 번역이라 생각합니다.

학문과 사상, 종교와 철학을 넘어 심지어는 문화까지도 그것이 생명력을 유지하고 전파하는 과정에서 중요한 것 중 하나가 번역입니다. 불교가 중국에 들어온 것은 서기 67년경, 후한 시기입니다. 후한 때 불교가 들어올 수 있었던 것은 중국인들이 사상적으로 한계에 이르러 당황해하던 환경과 깊은 연관이 있습니다. 사상이나 철학이 한계에 이른다는 것은 곧 삶이 한계에 이른다는 뜻입니다.

삶이 한계에 이르렀다는 것은, 정치·경제적 변화를 잘 통제하기 어려워졌다는 뜻입니다. 문화는 위에서 아래로 흐릅니다. 문화상대주의에서는 모든 문화에 각각의 고유성과 정당성이 있다고 주장합니다. 저도 일정한 범위에서는 이런 견해에 동의하지만, 동시에 각 문화 간에 영향력과 통제력을 다르게 결정하는 수준 차이도 분명히 존재한다고 봅니다. 문화에 힘의 차이가 존재한다는 것이죠. 힘이 약한 문화에는 자연스레 힘이 강한 문화가 흘러들어옵니다. 문화도 생로병사의 과정을 겪습니다. 강했던 문화가 늙고 쇠약해지면, 그 틈을 힘이 센 다른 문화가 뚫고 들어옵니다.

불교의 탄생지인 인도를 놓고 보면, 불교는 동쪽보다 서쪽으로 뻗어가기가 더 수월했습니다. 동쪽은 중국 쪽입니다. 중국으로 가기 위해서는 험준한 히말라야도 넘어야 하는 등 매우 힘든 여정을 감당해야 했습니다. 그런데 왜 서쪽이 아니고 동쪽이었을까요. 그 시기에 인도의 서쪽 국가들은 문화력이 매우 강했습니다. 그런데 때마침 이 시기에 중국의 문화력이 차츰 약해진 것입니다.

중국의 문화력이 약해졌다는 게 어떤 의미인지 살펴봅시다. 중국에서는 선진 시기에 창시된 중국 고유의 사상이 후한 시기까지 발전하다가, 후한 때부터 점차 약해지기 시작합니다. 이후 동진 시기부터 불교가 급속도로 확산되죠. 다시 말해 후한 때부터 중국 사상의 힘이 약해지기 시작했습니다.

중국 고유의 사상의 특징은 바로 '이 세계의 진실은 실재하는 것'이라는 관점입니다. 현상이 진실이고, 있는 것이 진실이라는 것이지요. 중국 사람들은 현상을 중요시합니다. 정치할 때도, 삶의 기준을 정할 때도 현실 세계를 넘어선 어떤 초월적인 관념을 중시하지 않습니다. 그리고 이런 삶의 태도와 정신적 자세가 솔직하게 담긴 종교가 바로 도교입니다.

도교를 두고 중국 사람들은 토생토장土生土長한 종교라고 부릅니다. 즉 중국 땅에서 생기고, 중국 땅에서 성장한 종교라는 뜻입니다. 우리말 신토불이身土不二와 비슷한 의미입니다. 이런 도교의 사원에서 가장 인기 있는 신은 다름 아닌 재신財神입니다. 재신은 말 그대로, 돈 많이 벌게 해주는 신이죠.

이는 종교적으로 아주 특이한 모습입니다. 재물을 탐하는 일은 대개의 종교에서 권장하는 삶의 자세가 아닙니다.

그런데 중국의 토착 종교인 도교에서는 돈을 많이 버는 일을 칭찬하고 권장하며 심지어 이를 관장하는 신도 두고 있지요. 중국 사람들은 설날에도 공희발재恭喜發財, 중국말로 읽으면 "꽁시파차이gong xi fa cai"라는 덕담을 합니다. 돈 많이 벌라는 뜻이죠. 세계 어디에서도 새해 인사나 뜻깊은 덕담으로 돈 많이 벌라는 말을 대놓고 하지는 않을 것 같은데 말입니다.

반면 《반야심경》에서는 현상 세계, 즉 눈에 보이고 만져지는 '실체적 세계'를 진실로 보지 않습니다. 눈에 보이고 만져지는 세계를 진실로 보지 않는 것은 서양 철학의 중심 줄기인 플라톤 철학에서도 마찬가지입니다. 중국 사람들은 눈에 보이고 만져지는 것을 진실이라고 말하는데, 반대로 불교에서는 눈에 보이고 만져지는 것이 진실이 아니라고 말하는 것입니다.

이처럼 중국적 사유와 불교적 사유는 대척점에 있다고 할 정도로 크게 다릅니다. 눈에 보이고 만져지는 세계를 진실로 보는 중국 사람들의 이야기는 제 책 《저것을 버리고 이것을》에 '중국 사유의 현상성–선진先秦 철학에서의 두 유형을 중심으로'라는 주제로 다룬 적이 있으니, 관심이 있으시다면 한번쯤 읽어보셔도 좋겠습니다. 선진 시대의 도가와 유가를 중심으로 하여 썼기 때문에 지금의 흐름에서는 소략하지만, 중국 사상의 특징에 대한 감은 잡으실 수 있을 것입니다.

불교가 처음 중국에 들어올 때, 중국 사람들이 쉽게 이해할 수 없었던 것은 당연합니다. 현상적인 세계가 진실이라는 사상과 현상적인 세계가 진실이 아니라는 사상은 서로를 이해하기 매우 어렵습니다. 그래서 번역의 문제가 매우 중요해집니다.

방금 이야기했듯 서로의 사상 체계가 상이하기 때문입니다. 이해가 어려우니 제대로 된 번역도 쉽지 않습니다. 그래도 우선은 중국에 있는 개념으로 불교를 번역할 수밖에 없었습니다. 당장 새로운 사상과 체계를 온전히 옮길 방도가 없으니, 그나마 비슷한 개념으로 번역하는 것입니다.

중국 사상에 나오는 무無와 불교의 공은 전혀 다른 개념이지만, 당시에는 어쩔 수 없이 공을 무라고 번역할 수밖에 없었습니다. 이런 방식으로는 불교를 원래 의미대로 이해하는 것이 불가능합니다. 그럼에도 좋든 싫든 과도기는 있기 마련 아니겠습니까. 오해를 감수하고 불교를 받아들였던 일정 기간이 있었는데, 그때의 불교를 격의불교格義佛教라 합니다.

격의불교란 중국 고유의 개념으로 해석한 불교입니다. 중국에 불교의 원래 의미가 왜곡되지 않고 들어오려면 중국어는 물론이고 범어에도 능통한 번역가가 필요했습니다. 때마침 이런 번역가 한 사람이 중국에 들어옵니다. 이 번역가이자 승려가 바로 구마라집Kumarajiva입니다. 오늘날 위구르 지역에 있던 쿠차 왕국 출신의 승려, 구마라집이 중국으로 건너와 불교 경전들을 번역하면서 중국에 제대로 된 불교 교리가 전파됩니다.

구마라집은 경전들을 번역하며 제자들을 길렀는데, 그 중에 승조라는 스님이 있습니다. 구마라집은 승조를 해공

제일解空第一이라 평합니다. 공의 해석에 관한 한, 승조가 최고라는 말이지요. 승조가 공을 정확하게 해석한 덕분에 중국에 제대로 된 공 개념이 알려질 수 있었습니다.

구마라집은 《반야심경》의 제일 앞에 나오는 주어를 '관세음보살'이라고 번역했습니다. 그런데 나중에 관세음보살보다 더 적절한 번역이 필요하다며 다른 번역어를 제시한 사람이 등장합니다. 그 사람이 앞서 언급한 현장입니다. 현장은 '관자재보살'이라고 번역합니다. 그러니 《반야심경》의 첫 문장에 관세음보살이라고 쓰여 있으면 구마라집의 번역본이고, 관자재보살이라고 쓰여 있으면 현장의 번역본임을 알 수 있습니다.

구마라집이 번역한 관세음이란 세상의 소리를 듣는다는 뜻이고, 현장이 번역한 관자재란 지혜가 높아 있는 그대로 볼 수 있다는 뜻입니다. 세상을 있는 그대로 볼 수 있는 사람인 관자재보살이 반야바라밀다를 아주 깊이 실천한다는 말이 첫 문장 관자재보살행심반야바라밀다觀自在菩薩行深

般若波羅密多인 것입니다.

이 말 바로 뒤에 시時가 붙어 있으니, 이것은 '관자재보살이 반야바라밀다를 아주 깊이 실천할 때에'로 번역되겠습니다. 바로 이어서 나오는 조견오온개공照見五蘊皆空은 '오온이 모두 공임을 널리 비추어 두루 안다'로 해석됩니다. '널리 비추어 두루 안다'라는 말을 요즘 말로 하면, '통찰' 정도가 될 것입니다. 그러면, 조견오온개공은 '오온이 모두 공임을 통찰하였다'가 되겠죠.

오온개공五蘊皆空, 즉 오온이 모두 공이라는 말입니다. 오온은 색온色蘊, 수온受蘊, 상온想蘊, 행온行蘊, 식온識蘊의 다섯 가지를 의미합니다. 색은 모든 것입니다. 수는 감각과 느낌을, 상은 생각과 관념을, 행은 의지를, 식은 식별하는 능력을 뜻합니다.

예를 들어보겠습니다. 누군가 이 강의를 들으러 현장으로 찾아왔다고 가정해봅시다. 문을 열고 누가 들어온다면 들어온 사람과 그 사람을 맞이하는 나 모두 색입니다. 들어와서 보고 이야기를 하면서 어떤 느낌이 생기지요. 좋든 나쁘든 감정이 생길 텐데, 이것이 수입니다. 상은 이렇게 공부를 하며 갖게 되는 어떠한 생각, 관념입니다. 이 공부가 좋다거나 이 공부가 의미 있다는 생각이지요. 이걸 상이라 합니다. 그리고 생각이 생긴 다음, 다음 주에 올지 혹은 오지 않을지, 이걸 계속 들을지 혹은 듣지 않을지, 다른 사람에게 소개할지 소개하지 않을지 등에 관하여 자기 의지가 나타나면, 그것이 행입니다. 그리고 이 모든 것을 한 발자국 뒤에서, 혹은 위에서 내려다보며 다른 것들과 분별하거나 그것이 무엇인지 식별하는 일을 하면, 그것을 식이라 합니다.

색수상행식은 이렇게 이뤄집니다. 즉 존재하는 것. 느끼는 것. 생각하는 것. 의지를 행하는 것. 식별하는 것 다섯 가지입니다.

소승에서는 인간이란 색수상행식의 연합으로 되어 있다고 봅니다. 색수상행식의 연합이니 어떤 특별한 존재 근거, 즉 본질을 근거로 해서 존재하는 것이 아니죠. 이러한 맥락에서 '나는 공이다'라고 합니다. '나'는 본질을 근거로 하는 실체적 존재가 아니고, 관계적인 존재인데, 이 관계성은 색수상행식의 연합으로 되어 있습니다.

오온이 다 공이다

대승에서는 오온개공이라는 말을 하는데,
이 말은 색수상행식이라는 오온마저도
모두 공이라는 뜻입니다.

'인간은 이성적 동물이다'라는 명제는 본질주의적인 명제입니다. 인간은 이성이라는 본질을 근거로 존재한다는 뜻입니다. 그러니 이성이 있으면 인간이고, 이성이 없으면 인간이 아니죠. 또 이성은 다른 존재에는 없는 것이어야 합니다. 개나 사슴이나 토끼에게는 한 톨의 이성도 없습니다. 인간에게만 배타적으로 있습니다. 인간의 존재 근거, 즉 본질을 이성에서 찾는다면 이성이 발달할수록 더 인간답고, 이성이 발달하지 않을수록 덜 인간답다고 할 수 있습니다. 이 맥락에서 인간은 이성의 유무와 고저로 평가됩니다.

앞서 언급했듯 《반야심경》에 나오는 공이라는 기호의 의미는 본무자성本無自性입니다. 《도덕경》에 나오는 도道라는 기호의 의미는 유무상생有無相生입니다. 《주역》에 나오는 도라는 기호의 의미는 일음일양一陰一陽입니다. 본무자성에서 자성은 문법적으로 '인간은 이성적 동물이다'라고 할 때의 '이성'에 해당합니다.

소승에서는 인간이 색수상행식 다섯 가지의 연합으로 이루어져 있기에 공이라고 합니다. 그런데 대승에서는 여기서 나아가 색 자체가 공이고, 수 자체가 공이고, 상 자체가 공이고, 행 자체가 공이고, 식 자체가 공이라고 합니다. 오온개공이라는 말의 의미입니다. 공이라는 개념이 훨씬 더 철저해졌습니다.

색은 앞에서 이미 의자의 예를 들어 구체적으로 살펴봤습니다. 의자를 구성하는 요소들을 전부 분해해서 펼쳐놓으면, 그것이 의자였음을 알기 어렵습니다. 의자라는 것은 없다고 할 수도 있겠습니다. 의자를 의자로 만드는 성질은 없고, 여러 부품의 연합으로 의자의 형태를 잠시 유지하고 있을 뿐입니다. 잠시 연합해 있다가 곧 사라지는 셈입니다. 오온개공에서는 이런 부품들 자체도 공이라고 보는 것입니다. 색온色蘊이 공이라는 말은 이런 뜻입니다. 있는 것은 모두 공입니다. 인간의 신체를 비롯한 눈에 보이고 만져지는 모든 것이 색입니다. 그러니 색온은 공입니다.

수는 느낌입니다. 수는 아마 감수感受를 뜻할 것입니다.

느껴서 받아들여진 정서에 가깝습니다. 즐거운 느낌, 괴로운 느낌, 즐겁지도 않고 괴롭지도 않은 온갖 느낌들입니다. 누군가를 만나서 이야기를 나누는데, 상대가 참 깔끔한 느낌이 들었다고 해봅시다. 그런데 이 깔끔한 느낌이라는 것은 그전에 내게 있던 수많은 기억이 연합하여 그 순간에 깔끔한 느낌을 들게 하는 것일 뿐입니다.

제가 군대에서 겪었던 일입니다. 군용차량을 세차할 때는 고압 고온의 물이 나오는 호스를 씁니다. 맨손으로 잡으면 화상을 입을 온도입니다. 그러니 무척 두꺼운 장갑을 착용하고 파이프를 잡아야 합니다. 반면 반대 손은 맨손입니다. 장갑을 낀 손으로는 파이프를 잡은 채, 맨손으로는 핸들을 잡고 세차를 합니다. 그런데 제가 잠시 헷갈린 탓에 장갑 낀 손으로 핸들을 잡고 맨손으로 파이프를 쥐는 실수를 했습니다.

손바닥에 화상을 입었습니다. 그런데 그토록 뜨거운 파이프를 잡을 때, 손에서 느껴지는 감각은 뜨거움이 아니었습니다. 저는 차가움을 느꼈습니다. 왜 차가운 느낌이 들었을까요. 물론 파이프가 차갑다거나 제가 차갑게 느끼도록 정해진 것은 아닙니다. 저를 만들어낸, 수억 겁의 시간 이전부터 이어져 온 어떤 기억의 연합이 뜨거운 파이프를 차갑게 느끼도록 한 것입니다. 내가 느낀 차가움이란 본질적인 어떤 근거에 의해 느껴진 것이 아니죠. 여러 기억의 연합으로 잠시 그렇게 느낀 것뿐입니다. 그래서 수온受蘊도 공입니다.

이처럼 차가움에도 실체성이 없다 할 수 있습니다. 그것은 그저 수많은 기억의 연합에 불과합니다. 이런 느낌을 수라고 합니다. 느낌에는 반드시 그렇게 느끼도록 강제하는 어떤 본질적 기준이나 근거가 없다는 말입니다. 느낌도 여러 기억의 연합으로 그렇게 느껴지는 것이니 공이죠. 기억의 연합이 다르게 되어 있는 사람들끼리는 받는 느낌도 각자 다를 수밖에 없습니다. 누군가는 뜨겁게 느꼈을 수도 있습니다. 그런데 그 뜨거움의 정도 역시 모두에게 다 다르지 않겠습니까. 그러니 수온 역시 공입니다.

상은 대상에 대하여 개념화를 하거나 특정한 생각 혹은 관념을 갖는 것입니다. 모든 대상에 대하여 갖게 되는 상, 표상입니다. 어떤 행위를 선한 행위라고 판단하거나 악한 행위라고 판단하는 일 등등이 상온想蘊에서 이뤄집니다. 여기서 고정관념이나 선입견이나 편견 등이 만들어지죠.

지금 이 책을 읽고 계신 여러분을 떠올려봅니다. 책을 읽으면서 참 유익하다고 생각하는 분도 계실 것이고, 어떤 분은 다 아는 소리를 쓸데없이 길게도 한다고 느끼는 분도 계실 것입니다. 이렇게 이 책을 읽고서 하게 되는 생각은 각자에게 모두 다릅니다. 유익하다고 생각하는 분들 사이에서도 유익함의 정도는 다 다를 것입니다. 쓸데없는 책이라고 생각하는 분들 사이에서도 쓸데없음의 정도는 다 다를 것입니다.

왜 다 다를까요? 오늘 이 책을 읽기 전까지 있었던 과거의 수없이 많은 기억과 경험에 따라서 달리 받아들여지는 것입니다. 그러니 생각이라는 것도 실체가 없습니다. 즉 공인 것이지요. 이 책에도 반드시 어떻게 생각하도록 강제하는 정해진 실체성이 없습니다. 독자인 여러분들에게도 이 책은 이렇게 읽어야만 한다고 정해진 어떤 실체성이 없습니다. 독자에게도 실체성이 없고, 책에도 실체성이 없으니 생각의 내용은 다 다를 수밖에요. 다시 말해 독자도 공이고, 책 역시 공이라 할 수 있겠습니다. 상온 역시 공입니다.

행은 욕망이나 의지입니다. 욕망이나 의지를 발휘해서, 즉 행온行蘊으로 인해 인간은 업을 짓게 되지요. 저는 지금 왜 이 책을 쓰고 있을까요? 이 책을 쓰고자 하는 의지는 왜 생겼을까요? 제 아버지의 아버지의 아버지의……. 제 어머니의 어머니의 어머니의……. 이 관계의 고리를 무수히 거슬러 올라 첩첩이 이어져 온 어떤 기억들, 경험의 축적과 연합이 이어진 결과입니다. 그런 결과로서 제가 배우고 익힌 것을 글로 풀어내야겠다 하는 의지가 생기는 것입니다. 이렇게 살고 싶다, 이런 행동을 하고 싶다, 술을 끊겠다, 그림을 그리겠다 등 의미 작용이 다 이러합니다.

다시 말해 모든 의지는 그 의지 자체에 실제적인 근거로 발휘되지 않습니다. 그 의지는 다른 수없이 많은 기억과 희망과 욕망, 그 모든 것이 연합하여 발휘됩니다. 그래서 지금 발휘되는 의지도 어떤 본질적인 근거나 이유가 있어서라기보다도 여러 계기가 관계를 맺으며 그렇게 드러나는 것뿐입니다. 그래서 행온도 공입니다.

식은 대상이 무엇인지 알게 하는 지각에 해당합니다. 분별하고 인식하는 작용이지요. 대상의 판단 내용을 결정하는 일이 아직 일어나기 전 단계, 그것이 좋다, 나쁘다, 의미 있다, 예쁘다고 판단하기 전에 그것 자체를 지각하는 활동입니다. 강의에 참여했다면, 그 강의에 대한 어떤 생각, 관념이나 느낌이 들기 전에 무슨 활동이 일어나고 있구나 하는 정도의 지각을 말합니다. 이런 인식도 수없이 많은 계기의 연합으로 이루어지기 때문에 실체성을 갖지 않습니다. 그래서 식온識蘊도 공입니다.

앞에서는 제 강의를 예로 들어서 오온을 설명해봤습니

다. 이번에는 구체적인 물건을 가지고 설명을 해보겠습니다. 손으로 둥근 공을 하나 잡습니다. 색온은 둥근 공, 물건 그 자체입니다. 매끄럽고 말랑말랑한 느낌이 수온입니다. 이전의 경험과 기억의 연합으로 그것을 가지고 노는 공이라고 떠올리는 것이 상온입니다. 말랑말랑하므로 조물거리거나, 그 공으로 같이 놀 친구를 찾는 일이 행온입니다. 내가 손에 무언가를 잡았음을 아는 것이 식온입니다.

《반야심경》의 첫 줄에서 오온개공은 오온의 연합이어서 세계가 공인 것이 아니라, 오온 하나하나가 다 공임을 명시합니다. '관자재보살이 반야바라밀다를 아주 깊이 실천할 때, 오온마저 모두 공이라는 것을 두루 알게 되고……' 여기서 반야, 보시, 지계, 인욕, 정진, 선정의 바라밀을 하나하나 다 쓰기 번거로우니 반야만을 대표로 기술합니다.

번거로움을 감수하고 다른 다섯 바라밀다를 다 쓴다면, 이렇습니다. '관자재보살이 보시바라밀다를 아주 깊이 실천할 때, 오온마저……', '관자재보살이 지계바라밀다를 아주 깊이 실천할 때, 오온마저……', '관자재보살이 인욕바라밀다를 아주 깊이 실천할 때, 오온마저……', '관자재보살이 정진바라밀다를 아주 깊이 실천할 때, 오온마저……', '관자재보살이 선정바라밀다를 아주 깊이 실천할 때, 오온마저……'. 반야바라밀다가 육바라밀다에서 가장 대표적이고 포용적이기 때문에 이렇게도 해석이 가능합니다.

이어서 도일체고액度一切苦厄, '모든 고통과 불행을 건너간다'라는 뜻입니다. 도일체고액은 이해하기 어렵지 않죠. 모든 고통을 벗어나는 것이 불교의 목표인데, 그것을 도일체고액이라 표현하였습니다. 여기서 저는 《반야심경》의 어순을 따라가다 큰 특징을 발견합니다. 구문의 순서를 다시 봐보죠. 관자재보살이 '바라밀다를 아주 깊이 실천할 때' '세계가 모두 공하다는 것을 두루 알게 되었고', 그 결과로 '모든 고통에서 벗어날 수 있었다'.

제가 발견한 큰 특징은 이렇습니다. 세계가 모두 공이라는 이치를 혹은 이론을 알고 나서, 그 앎을 적용하는 방식으로 바라밀다를 실천하였고, 그래서 모든 고통에서 벗어났다고 기술하지 않습니다. 그 반대 순서입니다. 바라밀다를 아주 철저하게 실천함으로써 이 세계가 모두 공하다는 것을 알게 되었다는 것입니다.

실천하면서 알게 된 것입니다. 아는 것을 실천한 게 아닙니다. 보시, 지계, 인욕, 정진, 선정 그리고 반야를 진실하고도 철저하게 행함으로써 세계가 모두 공이라는 깨우침을 얻은 것입니다. 이론을 익히고서 실천한 것이 아니라, 실천을 하다가 이론을 깨친 것입니다. '앎에서 실천이 나오는 것이 아니라, 실천에서 앎이 나오는' 구조이지요.

우리는 보통 앎을 실행하는 것을 실천이라 합니다. 이와 반대로, 《반야심경》 첫 줄에서는 바라밀다를 깊이 실천해서 오온이 공이라는 앎을 갖게 되었다고 합니다. 이 부분을 중요하게 보지 않을 수 없습니다. 적지 않은 분들이 돈을 많이 들여서 이탈리아의 메디치 가문을 보러 갑니다. 메디치 가문에 대해서는 우리가 이탈리아 사람들보다 더 잘 알 것입니다.

그러나 메디치 가문을 보고, 또 그 가문에 관한 앎이 아무리 두터워져도 자기가 사는 자신의 공동체 안에서 메디치 같은 역할을 하려는 사람은 거의 없습니다. 앎이 실천을 보장하지 않습니다. 용기에 관한, 절제에 관한, 생각에 관한 아무리 깊은 지식을 가지고 있더라도, 절제나 용기나 생각을 구체적으로 행하는 일은 하지 못하는 경우가 대부분입니다. 세계에서 정작 필요한 것은 행行이지, 앎 자체가 아닙니다. 행하면 반드시 알게 되지만, 앎은 행으로 이어지지 않을 수 있습니다.

우리는 생존의 질을 높이고 그 양을 늘리기 위해 많은 도구를 만드는데, 그 가운데 가장 효율적이고 강력한 도구가 지식입니다. 지식을 가지려 노력하고, 가진 지식으로 또 큰 효과를 경험하며 점점 더 지식을 의존하게 됩니다. 그러다 보면 지식이 도구라는 사실을 잊은 채, 삶의 주인 자리를 지식이나 이론에 넘겨주는 일이 벌어지곤 합니다. 이렇게 되면 구체성을 터전으로 삼아 삶의 전략을 스스로 생산하지 못하고, 이미 있는 지식이나 이론에 자기 삶을 종속시

켜 버리곤 하는 것입니다. 이런 과정을 전도몽상顚倒夢想이라 하는데, 이는 이후에 더 자세히 살펴볼 것입니다.

이 지경에 이르면 처음에는 심리적으로 더 편하기도 합니다. 구체적인 삶의 터전에서 자신만의 전략을 스스로 짜내는 것이 자유고, 독립이고, 창의이지만, 이런 것들은 항상 지적인 투쟁을 요구합니다. 때문에 심지가 약한 사람들은 심리적으로 편안하지 않을 수도 있습니다. 이런 연유로 대부분은 어느 단계에 이르러 지식이나 이론에 삶의 주도권을 넘겨버리죠.

지식이나 이론에 주도권을 넘겨버리면, 삶은 사는 행위에서 빗겨나 숙제가 되어버립니다. 대부분의 숙제는 선생님의 위치에 있는 타인이 부과합니다. 부과된 숙제를 마쳐야 하는 중압감으로 평생의 삶을 채우는 것은, 너무 슬픈 일이 아니겠습니까. 이렇게 되면, 사랑마저도 자신의 영혼 전체를 빠뜨리는 신비한 체험이 되지 못하고, 사랑에 대하여 만들어진 기성의 관점이나 이론을 수행하는 과업이 되어버립니다.

사랑에서 사랑에 대한 앎이 구성되지 않고, 앎의 구조에다가 사랑을 구겨 맞추는 꼴이 됩니다. 사랑이 유일무이한 놀이가 되지 못하고, 누구에게나 부여된 똑같은 문제집을 푸는 경쟁이나 시합으로 전락하지 않을 수 없죠. 이론이나 지식이 앞에 먼저 나서는 한, 자기 안에서 솟아나는 '바로 그것'을 살아보기는 매우 어려워질 수밖에 없습니다.

세계가 공이라는 이론임을 알아서 건너가기를 실천한 것이 아니라, 건너가기를 진실하게 실천해서 세계가 공임을 알았다고 하는 표현에 오래도록 눈길 주시기 바랍니다.

3장

더 채우기 위해 마음을 비우고,
정확히 보기 위해 상을 짓지 않는다

마음 비우기

마음을 비운다는 말은 어떤 특정한 관점, 창으로
이 세계를 바라보거나 해석하지 않는다는 말입니다.

사람이 정말 '온 세상이 고통의 바다'라는 것을 알까요? 생로병사가 현상적으로 '있는' 것은 맞지만, 생로병사의 과정을 겪는 일과 생로병사를 '아는' 것은 다릅니다. 헤르만 헤세는 《데미안》에서 이런 말을 합니다.

"세계를 그냥 자기 속에 지니고 있느냐 아니면 그것을 알기도 하느냐, 이게 큰 차이지. …(중략)… 그러나 이런 인식의 첫 불꽃이 희미하게 밝혀질 때, 그때 그는 인간이 되지."(《데미안》, 민음사, 142쪽)

세계를 자기 속에 지니고 있는지, 아니면 그것을 알기도 하는지 이 둘 사이에는 엄청난 차이가 있습니다. 인간은 세계를 소유하거나 지녀야 힘이 나는 존재가 아니라, 세계를 인식하고 설명하고 해석해야 힘이 나는 존재입니다. 세계를 인식하려는 시도가 가장 인간적인 태도일 수밖에 없죠. 우리가 세계를 공空이라고 할 때는 우리가 세계를 공으로 인식한다는 뜻입니다. 세계가 공임을 안다는 뜻입니다.

고대의 유물을 많이 가지고 있는 나라보다, 고대의 유물을 알고 설명하는 결과로 나온 고고학을 가지고 있는 나라가 더 셉니다. 생활을 그저 소유하는 것보다 그 생활을 구체적으로 알려고 노력하고, 설명하려고 노력하는 사람이 더 셉니다.

마음이 복잡하거나 심란할 때면 흔히들 "마음을 비워야겠다"라고들 합니다. 마음을 공의 상태로 유지한다거나 마음을 텅 비운다고들 이야기하는데, 이것은 공에 대한 인식이 잘못돼서 그런 게 아닐까 하는 생각을 합니다. 앞서 살펴봤듯, 공이라는 개념은 '비운다'라는 개념과 너무도 다릅니다. 그렇다면, 채우는 것은 공이 아닐까요. 《반야심경》에서는 채우는 것도 공이라고 할 것입니다.

공이란 세계의 모든 것과 인식, 판단 등이 다 자성自性 없이 존재한다는 의미입니다. 세상의 모든 것은 관계로 존재합니다. 관계로 존재한다는 말을 불교에서는 인연이라 하고요. 여러 번 이야기하되, 공이란 '세상이 관계로 존재한다'라는 말에 붙인 기호일 따름입니다.

세계의 존재 형식을 관계로 보는 철학에서는 대개 비움,

공, 허虛 등의 용어를 긍정적인 뜻에서 많이들 사용합니다. 《반야심경》에서는 공이라는 글자를 본무자성本無自性으로 읽어야 하듯, 《도덕경》에서는 도道라는 글자를 써놓고, 유무상생有無相生으로 읽어야 한다고 했습니다. 유무상생이나 본무자성은 모두 세계가 어떤 본질적 토대를 근거로 존재하는 것이 아니라 관계로 존재한다는 말이지요.

여기서 또 주의해야 하는 점으로 '본질'이라는 말을 일상에서 사용하는 의미와 혼용하면 안 된다는 것입니다. 본질은 우리가 철학적인 높이에서 세계를 설명하고 해석할 때 사용하는 약속된 개념입니다. 이것을 전문 용어technical term라고 합니다. 전문 분야를 공부할 때는 그 분야에서 사용하는 전문 용어를 그 전문성에 맞게 이해하고 사용할 수 있어야 합니다. 일상에서 누군가와 대화하며 "본질적인 대화를 해보자"라고 할 때의 '본질'과 철학적인 전문 용어로 '본질'을 사용할 때는 의미가 전혀 다릅니다. 일상에서의 '본질'은 근본적인 의미나 진실이라는 맥락에서 사용하지요. 이와 달리, 철학에서의 본질은 '어떤 것을 다른 것이 아니라 그것이게 해주는 성질'을 뜻합니다. 영어로는 essence라고 하지요.

공 역시 전문 용어입니다. 저는 흔히들 말하는 '마음 비우기'의 절차가 혹시 공을 일상 용어로 해석하여 만들어진 것이 아닌가 걱정합니다. 마음 비우기를 하는 분들이 곁들이는 말이 또 "생각을 끊는다"입니다. 이는 사리에 맞지 않는 말입니다. 생각을 끊으면 바보가 될 뿐입니다. 바보의 경지를 높게 보는 병든 영혼도 있을 수 있습니다만, 그것도 《장자》 등에 나오는 '바보'나 '어리석음' 등을 전문 용어로 읽지 않고, 그냥 일상적인 표현으로 읽어서 생긴 오류입니다.

모든 명상이나 마음 비우기는 자신의 통제를 벗어나서 멋대로 들락날락하는 의식을 자신의 통제하에 둘 수 있게 하기 위한 단련입니다. 이 말을 달리 표현하면 모든 마음 비우기나 명상은 '생각할 수 있기 위한 단련'입니다. 생각을 방해하는 것은, 정해진 생각의 틀이나 특정한 창을 고집하여 그것으로만 세계를 대하는 태도입니다. 마음 비우기를 공과 관련해서 생각해본다면, 특정한 생각의 창을 고집하지 않는 것입니다. 특정한 믿음에 빠지지 않는 것이지요. 불교에서는 매우 중요한 내용이기도 합니다.

절에 가서 제일 많이 듣는 말이 아마 "상을 짓지 마세요"와 "성불하십시오"일 것입니다. 요즘 절에서 이런 말을 자주 하는지 잘 모르겠습니다만, 저는 한때 이 두 구절을 제일 많이 들었고, 또 그래야 합니다. 상相은 자신을 지배하는 틀이나 이념이나 정해진 관념입니다. 상에 갇히고서는, 불교적인 세계 이해가 불가능합니다. 상에 갇히지 않으면, 붓다가 될 수 있습니다. 이 두 구절을 합하면 '상을 짓지만 않으면 성불한다'가 될 것입니다. 오죽하면 《임제록臨濟錄》에 이런 기록들이 있겠습니까.

"붓다를 만나면 붓다를 죽이고, 조사를 만나면 조사를 죽이고, 아라한을 만나면 아라한을 죽이고, 부모를 만나면 부모를 죽이고, 친족을 만나면 친족을 죽여라. 그래야 해탈解脫하고, 다른 것들에 구속되지 않고, 모든 구속에서 벗어나 자유롭다. 逢佛殺佛, 逢祖殺祖, 逢羅漢殺羅漢, 逢父母殺父母, 逢親眷殺親眷, 始得解脫, 不與物拘, 透脫自在."

천상천하 유아독존 하는 자신의 눈과 자기 피가 자신에게 속삭이는 소리를 듣는 귀를 가져야지, 붓다, 조사, 아라한, 부모, 친족에 구속되어 그들의 눈으로 세계를 보면 안 된다는 것이죠. 그들의 눈을 자신의 눈으로 착각하는 것이 무명無明, 즉 무지無知입니다. 심지어 붓다의 눈이라도 그것이 자신에게 상으로 자리 잡으면 안 됩니다. 붓다의 권위보다 상을 짓는지 안 짓는지를 더 중요하게 보고 있습니다.

이런 대목도 있습니다. "여러 곳에서 온 수행자들 가운데 다른 것에 의지하지 않고 오는 사람은 아직 없었다. 이런 사람을 보면 나는 바로 쳐버린다. 손에서 나오면 손을 치고, 입에서 나오면 입을 치고, 눈에서 나오면 눈을 쳐버린다. 다 버리고 자기 홀로 오는 자는 아직 없었다. 모두 옛사람이 만든 틀에 의존하고 있었다. 如諸方學道流, 未有不依物出來底, 山僧向此間, 從頭打. 手上出來, 手上打. 口裏出來, 口裏打. 眼裏出來, 眼裏打. 未有一箇獨脫出來底, 皆是上他古人閑機境."

'다 버리고 자기 홀로 오는 자'가 천상천하 유아독존 하는 사람입니다. 지은 상이 없는 사람입니다. 상에 갇히지 않은 사람입니다. 대부분 사람은 쉽게 지적 게으름에 빠지기 때문에, 자기 눈으로 세계를 대하는 지적 수고를 하려 하지 않습니다. 그냥 이미 만들어가진 기성의 눈에 따르는 것이죠. 기성의 눈을 따르는 것이 훨씬 덜 힘들기 때문입니다. '다른 것에 의지하지 않고 오는 사람'이 없는 이유입니다.

앉자마자 정치 이야기, 종교 이야기, 도덕 이야기를 하는 까닭은 대개 지적 게으름에 빠져서 다른 사람들이 만든 기성의 눈을 자기 눈으로 삼고 살기 때문입니다. 이런 경우를 우리는 속된 말로 '막 산다'라고 합니다.

아무리 고매한 예술가나 수학자들끼리도 정치적 입장이 다르면 상대를 사람으로 보지 않는 것도 지적 게으름의 한 형태입니다. 이미 정해진 눈 말고 다른 눈이 없는 꼴이죠. 지적으로 게을러서 갖게 되는 치명적인 상 세 가지가 정치적 신념, 종교적 믿음, 도덕적 확신입니다. 정치가 극단적인 분열을 겪는 이유도 지적 게으름에 빠져서 자신의 피가 자신에게 속삭이는 소리를 들을 줄 모르게 되어버렸거나, 자신의 고유한 눈으로 세계를 대하려는 용기를 잃었기 때문입니다.

무언가가 있는 그대로의 상태를 자재自在라 합니다. 비슷한 말을 에리히 프롬은 존재存在라 했지요. 그의 책 제목 《소유냐, 존재냐》에서 보이듯이, 존재는 소유所有에 대비되는 개념입니다. 있는 그대로의 상태를 마주하려면, 특정한 틀을 들이대서는 안 됩니다. 자신에게 이미 자리 잡힌 틀을 통해 대상을 마주하는 것을 소유라고 하지요. 소유적 태도를 하나하나 제거하려 노력하면, 종내에는 사물이나 사건이 그것 자체 그대로 드러나게 되지요. 그러면, 있는 그대로의 상태를 비로소 관觀, 즉 볼 수 있게 됩니다.

우리가 마음을 비운다고 하는 것은 특정한 이념이나 관점으로 세계를 보는 것이 아니라, 이런 틀과 이념, 관점들을 하나하나 걷어내어 정해진 어떤 창도 없는 상태에 도달한다는 뜻입니다. 마음을 비운다는 행위는 이미 자리 잡은 틀이나 관점이나 이념에서 벗어난다는 뜻입니다. 그러면 봐야 하는 대로 보거나 보고 싶은 대로 보지 않고, 보이는 대로 볼 수 있게 됩니다. 자재, 즉 그 상태 그대로 보고, 또 알게 되는 것입니다.

상을 짓지 말라

비운다는 말은 아무것도 하지 않아야 한다는 의미가 아니라,
상을 짓지 않고 바라본다는 의미입니다.

상을 짓지 않으면 세계를 보이는 대로 볼 수 있습니다. 그것이 성불하는 지름길이지요. 상을 지으면 안 되는 이유가 뭘까요. 이 또한 공 때문입니다. 나도, 내 마음도, 세계도 어떤 특정한 근거하에 서 있지 않기 때문입니다. 본질이 없다는 말이지요. 그렇기에 확정된 어떤 의미도 있을 수 없습니다.

여기서 많은 사람이 잘못된 이해를 하기도 합니다. 공이나 허를 '텅 비운다'로 받아들인 다음에, 적극적으로 노력하지 않는 것을 고등한 경지로 오해하는 것이지요. 심지어 무엇을 하려는 강한 의지를 갖는 것조차 수준 낮은 행위로 간주하기도 합니다만, 이는 명백한 오류입니다.

운동을 배울 때는 힘 빼라는 말을 제일 많이 듣습니다. 모든 운동은 힘 빼는 데 3년이라는 말도 있죠. 운동할 때 힘을 빼는 것이, 경기에서 이기든 지든 상관없이 그냥 재밌으면 된다는 뜻은 아니지요. 힘을 빼야 하는 이유는 힘을 빼고 무게 중심의 흐름에 따라 힘을 쓸 때 더 정확하고 더 강력하게 운동할 수 있기 때문입니다.

비운다는 말도 이와 같습니다. 비운다는 말은 아무것도 하지 않는다는 의미가 아니라, 무엇이든 상을 짓지 않고 대한다는 의미입니다. 그런데 비운다는 말을 잘못 이해하면, 일상에서의 노력이나 근면한 태도들을 우습게 보기 쉽습니다. 이렇게 되면 무엇을 잘해보려고 애쓰는 것들을 다 수준 낮은 것으로 보지요.

이상한 풍조가 하나 있는 것 같습니다. 발전이나 성장이라는 관념을 이상하리만치 부정적으로 보는 분들이 있습니다. 성공하고 발전하는 사람이 되려는 의지를 삶의 정수에 도달하는 과정에 방해가 되는 태도로 보거나, 성장이나 발전 등을 가볍게 무시하는 태도를 수준 높다고 보는 관점들이 그렇습니다.

이런 사람들은 대개 먹고 싶을 때 먹고, 눕고 싶을 때 눕고, 자고 싶을 때 자는 것을 행복이라고 여기는 경향을 보입니다. 근데 이는 수준이 높다기보다는 동물에 가까워진 모습이 아닐까요. 사실 인간성은 먹고 싶을 때 먹는 데서 나오는 것이 아니라, 적극적인 의지를 발휘하여 먹고 싶어도 먹지 않는 데서 나옵니다. 인간성은 자고 싶을 때 자는 데서 나오는 것이 아니라, 적극적인 의지를 발휘하여 자고 싶어도 자지 않는 마음가짐에서 나옵니다.

자유분방함을 동물에 가까워지는 것으로 간주하며, 세상의 규칙을 무시하고 발전하려는 욕망을 도외시하는 태도를 인간적인 삶, 자유로운 삶, 행복한 삶이라고 여기는 기류가 분명히 있어 보입니다. 그런데 이런 기류는 이상하게도 불교나 도교를 좋아하는 사람들 속에서 특히 많이 발견되는데, 이는 공이나 허를 잘못 이해한 데서 비롯된 것이 아닌가 합니다.

붓다가 고통의 바다인 이 세계에서 중생을 구제할 때, 중생들에게 마음의 안식을 주려 한 것은 아닙니다. 중생에게 제대로 사는 길을 알려주려 할 따름이었습니다.

고통 속에 잠겨 있으면 일의 효율성도 떨어지고 제대로 살기 어렵다. 그러니 이 고통의 원인을 제대로 보라. 원인을 제대로 보면 고통을 해결할 수 있다. 그 고통을 해결하면 당신도 생기발랄하고 긍정적이고 적극적이고 힘차게 살 수 있다……. 이렇게 말해주는 것입니다. 근면한 태도를 무시하거나 우습게 보라는 이야기가 아닙니다.

공을 잘못 이해한 사람들은 주변에서 어렵지 않게 만날 수 있습니다. 과학 기술이 인간적인 삶을 더 피폐하게 만들었다고 분개하거나, 물질문명을 부정해야만 인성 교육이 된다고 여기는 이들이 그렇습니다. 진보와 발전을 부정하는 태도로 인간적인 삶을 증명하려 합니다.

심지어는 지식 자체를 부정하면서, 우둔하고 미련한 사람을 인간 본연의 상태를 더 잘 지키는 사람으로 떠받듭니다. 공은 이런 소극적인 삶의 태도를 강조하기 위해서 나온 개념이 아닙니다. 공을 이해하면, 정해진 관념에 갇혀 말라비틀어지거나 소극적으로 움츠려서 이것저것 다 내려놓는 삶이 아니라, 생기 충만하고 진취적인 삶을 살 수 있다는 것입니다.

공은 어떤 인위적인 조작造作 혹은 공작工作을 부정하는 개념이 아닙니다. 오히려 인위적인 조작이나 공작을 더 잘하게 돕습니다. 금덩어리의 존재 형식이 공이 아니라면, 즉 특정한 의미나 형태를 고집한다면 금덩어리로 황금 사자상을 만들 수 없을 것입니다. 황금 사자상의 존재 형식이 공이 아니라면, 즉 황금 사자상의 형태를 고집한다면, 그것을 다시 가공해서 금송아지를 만들 수 없을 것입니다. '변하지 않는 것이 없다'라는 말은 '모든 것의 생산 가능성'을 말하는 것입니다. 즉 '무엇이든 될 수 있다'라는 뜻이기도 합니다.

본무자성本無自性, 제행무상諸行無常, 제법무아諸法無我를 배우러 산 개울을 건너는 까닭은 삶이 허무하다는 것을 확인하기 위함이 아닙니다. 삶이 생기로 가득하다는 것을 확인하기 위한 적극적인 발걸음입니다.

무소유

무언가를 내려놓는 이유는

내려놓아야 더 많이 들 수 있기 때문입니다.

힘을 빼는 이유는 힘을 더 세게, 더 정확히 구사하기 위함입니다.

공과 관련해 아주 우습게 해석되기도 하는 또 다른 개념이 바로 무소유無所有입니다. 어느 날 강의를 마치고 나니, 어떤 분께서 제게 다가와 이렇게 말씀하셨습니다. "죄송합니다. 저는 무소유를 실천하지 못했습니다. 너무 많이 가졌습니다."

무소유라는 개념을 무언가를 가지려 하거나, 무언가를 이루려고 하거나, 무언가를 쌓으려고 하는 태도를 버려야 하는 것으로 이해하는 분도 많은 것 같습니다. 흔히들 '무소유적인 청빈한 삶'이라고 하면서, 무소유의 삶을 바로 청빈한 삶으로 연결하기도 합니다. 그런데 청빈과 무소유 사이에는 필연적인 연관이 없습니다.

무소유는 갖지 말라, 쌓지 말라는 뜻이 아닙니다. 소유는 세계를 자기의 뜻에 맞게 해석하고, 자기 뜻대로 통제하려는 태도입니다. 무소유는 소유적인 태도를 없애라는 말이니, 세계를 자기 뜻대로 정하려고 하지 말라는 의미가 됩니다. 세계를 봐야 하는 대로 혹은 보고 싶은 대로 보지 말고, 보이는 대로 볼 수 있어야 한다는 말에 가깝습니다.

한 개인이 특별한 의도를 가지고 특별한 의미를 확정한 뒤에 세계와 관계하면, 넓디넓은 세계를 좁고 한정적으로 대할 수밖에 없으니, 세계를 대할 때엔 특정한 의미에 갇히지 않아야, 아직 드러나지 않은 의미까지 포함하는 세계 자체의 진실을 볼 수 있다는 말입니다. 세계 자체의 진실을 제대로 볼 수 있어야, 삶이 왜곡되지 않고 적극적이며 생산적일 수 있습니다.

어느 날 법정 스님이 버스를 타러 나가셨는데, 버스가 바로 눈앞에서 지나가더랍니다. 법정 스님이 바로 "아이고, 내가 조금만 더 빨리 나올걸." 자책하시죠. 마음에 번뇌가 일어나신 겁니다. 그런데 법정 스님은 즉시 또 버스는 그저 정해진 자기 시간표대로 다닐 뿐이란 생각에 이르셨더랍니다. 만약에 당신이 타야 할 버스가 정해져 있다면, 그것이 이번에 지나간 버스일 수도 있고, 앞으로 올 버스이거나 혹은 다음에 올 버스일 수도 있지 않겠습니까.

이런 상황에서 지나간 버스를 자신이 탔어야 할 버스라

고 정하는 것은 바로 자신의 마음입니다. 이처럼 세계를 내 의도대로, 내가 보는 방식으로 의미를 부여해버리는 태도를 바로 '소유적 태도'라 부릅니다. 이와 반대로 세계를 있는 그대로 대하는 태도를 '존재적 태도'라 부르고요.

이때 소유와 존재는 일상 용어가 아니라 철학에서 쓰는 전문 용어입니다. 그러니 자기가 가진 기존의 의미대로, 자기 욕망대로, 자기 능력대로, 자기 의도대로 세계를 잡아놓으려 하는 것이 소유고, 세계를 있는 그대로 자기한테 드러나게 허용하는 것이 존재입니다. 무소유는 소유적 태도를 반대하고, 존재적 태도를 긍정하는 것입니다.

소유적 태도로 접할 수 있는 세계란 얕고 좁은 세계에 불과합니다. 정해진 마음만 없어지면, 상만 없어지면, 소유적 태도만 없애면 세계의 진실을 직접 대면할 수 있습니다. 세계를 훨씬 깊고 넓게 만날 수 있지요. 세계를 있는 그대로 접촉할 수 있는 사람이 붓다에 가까울까요. 아니면, 자기가 정해진 틀만큼만 접촉할 수 있는 사람이 붓다에 가까울까요.

불교를 비롯한 모든 종교도 문명이라는 큰 틀 안에 있습니다. 문명은 인간이 만든 것입니다. 문명은 문화적 활동의 결과입니다. 문화는 무엇인가를 하거나 만들어서 변화를 야기하는 활동인데, 무엇인가를 만들어서 변화를 야기할 때 사용하는 일관된 사고방식을 세계관世界觀이라고 합니다.

붓다의 설법 역시 붓다 나름대로 만든 일관된 생각의 방식입니다. 붓다가 제시한 세계관은 세계가 공이라는 관점에 다 들어 있습니다. 붓다는 공이라는 세계관으로 변화를 야기하려 한 것이죠. 궁극적으로는 과거와 전혀 다른 새 세상을 열려는 포부였습니다. 새 세상을 열려는 포부는 새 세상을 건설하려는 포부 아니겠습니까. 붓다는 건설하는 사람이지, 건설을 부정하는 사람이 아닙니다.

저는 좀 바쁘게 사는 편입니다. 그러다 보면 가끔 친구들이 전화로 말합니다. "너는 도가철학을 공부하지 않았느냐? 이제는 그 가르침대로 모든 것을 내려놓고 좀 쉴 때도 되지 않았냐?"

이렇게 말하는 친구는 도가철학을 잘 모르는 것이 분명합니다. 도가철학도 자신의 세계관에 맞는 어떤 유형의 문명을 건설하려는 철학이지, 문명을 부정하거나 거부하는 철학이 아닙니다. 문명을 거부하는 철학이나 종교는 있을 수 없습니다. 병든 철학이나 병든 종교만이 문명을 부정합니다.

붓다는 새 세상을 열려는 사람이었습니다. 이런 사람이 반문명적, 소극적 태도를 주장할 리가 없습니다. 부자가 되려는 포부를 잘못된 것으로 보거나, 적극적으로 문명을 건설하려는 태도를 부정적으로 보는 일은 전혀 없습니다. 도가에서 무언가를 내려놓으라고 할 때, 그 이유는 내려놓음으로써 더 많이 들 수 있기 때문입니다. 힘을 빼는 이유는 더 큰 힘을 더 정확히 구사하기 위함입니다. 한 발짝 뒤로 물러나는 이유는 물러섬 그 자체에 있지 않고, 더 앞서기 위한 희망에 있습니다. 목적은 결국 앞서는 것입니다.

《도덕경》에는 다 이런 투로 기록되어 있습니다. 그런데 많은 사람이 '뒤로 물러나야 한다'라는 것만 읽고, '줘버리는 것'만 읽습니다. 바로 이어서 나오는 '앞서기'에 관한 것이나, '차지하는 것'은 제대로 읽지 않습니다.

《도덕경》에 무위이무불위無爲而無不爲라는 구절이 나옵니다. 노자 사상의 핵심이 드러난 구절로 꼽습니다. '무위하면 되지 않을 것이 없다'라는 내용입니다. 그런데 많은 사람이 무위만 읽고 무불위를 읽지 않습니다. 노자의 시선은 무위보다는 오히려 '되지 않을 것이 없다'라는 뜻인 무불위에 향해 있습니다. 노자는 모든 일이 다 이뤄지는 무불위의 경지에 도달하기 위하여 무위를 말했지만, 소유적 태도나 상에 갇힌 사람들은 그냥 자신이 읽고 싶은 대로 읽고 맙니다.

무불위 중에 궁극의 경지는 취천하取天下, 즉 천하를 차지하는 것입니다. 얼마나 적극적인 태도입니까. 힘을 빼는 것은 힘 빼는 것 자체가 선善이어서가 아니라, 삶의 탄성을 회복하는 데에 좋기 때문입니다. 이 점에서는 노자의 무위나 허나 《반야심경》의 공은 비슷한 맥락으로 받아들일 수 있습니다.

세계가 공이니 바쁜 걸음을 멈추자는 것이 아닙니다. 세계가 공이니 굳지 않고 계속 끝까지 걷자고 말하는 것입니다. 상에 갇히지 말자고 하는 이유는 상에 갇히면 멈춰서서 굳어가며 쉽게 진부해지기 때문입니다.

백척간두진일보

과정 없이 결과만 바라거나
과정을 건너뛰고 결과만 이해한 채로는
결코 그 경지에 이를 수 없습니다.

또 하나 유의해서 봐야 할 것이 계율입니다.

불교에는 해탈, 열반이라는 궁극의 경지가 있습니다. 이 궁극의 경지에 도달하기 위해서는 반복적으로 지켜야 하는 계율이 있지요. 어떤 큰 스님들은 계율을 장기간 지키다 계율 자체가 군더더기가 되는 경지에 이릅니다. 계율의 한계를 감지하는 것이지요. 그럼 계율을 벗어나 계율에서 정한 것과는 다른 행위도 하면서 수행의 외연을 넓힙니다. 하지 말라고 계율에서 정해진 수행처를 벗어나 여기저기 돌아다니면서, 각자의 수행을 하게 됩니다. 이것을 만행萬行이라고 하죠.

이런 맥락의 만행은 수행의 연속이고 자유입니다. 그런데 어떤 수행자는 수행이 덜 된 상태에 있으면서 우선 만행에 드는 경우가 있습니다. 현상적으로 만행이라는 결과만 보고 평생 계율을 지키는 수행의 지난한 반복 과정은 보지 않습니다. 그래서 수행을 두텁게 쌓으려는 노력은 하지도 않고 만행부터 서두릅니다. 이는 수행에 지친 거지요. 지계바라밀에서 패배한 모습입니다.

흔히들 말하는 자유나 행복이라는 개념은 추구의 대상이 아닙니다. 추구의 대상으로 있지 않다는 말을 《반야심경》의 용어로 하면 공이 되지요. 사실은 공도 추구의 대상이 아닙니다. 속된 말로 공병空病이 들면 공을 추구의 대상으로 보게 됩니다. 그것을 방지하기 위하여 '공도 공하라'라는 공공空空 혹은 양공兩空 등의 개념이 나온 것이지요. 자유나 행복이 추구의 대상이 아닌 한에서는 자유나 행복이 내게 현현하지 않을 수 없을 정도의 근면하고 성실한 습관을 반복, 또 반복하는 수밖에 없습니다. 지계바라밀을 죽어라 행하는 것입니다.

넘어지면 일어나고, 넘어지면 일어나고……. 이 반복의 과정이 자유이고 행복이며 또 건너가기입니다. 이 과정을 반복하는 수밖에 없습니다. 이 반복이 우리를 깨달음과 자유의 경지로 이끌어줍니다. 과정 없이 결과만 바라거나, 과정을 건너뛰고 결과만 이해한 채로는 결코 그 경지에 이를 수 없습니다. 그래서 반복은 백척간두진일보百尺竿頭進一步한다는 마음으로 행하는 수밖에 없습니다.

건너가기는 계율 지키기를 반복하면서 완수됩니다. 용맹정진하는 것입니다. 당신은 당신이 정한 계율을 지키고 있습니까? 당신이 정한 계율은 무엇입니까?

색즉시공 공즉시색

舍利子 色不異空 空不異色 色卽是空

사리자 색불이공 공불이색 색즉시공

空卽是色 受想行識 亦復如是

공즉시색 수상행식 역부여시

사리자여. 색이 공과 다르지 않고,

공이 색과 다르지 않다.

색이 곧 공이고 공이 곧 색이니,

수상행식도 모두 이와 같다.

색불이공 공불이색 색즉시공 공즉시색 수상행식 역부여시色不異空 空不異色 色卽是空 空卽是色 受想行識 亦復如是. 사리자는 붓다의 십대제자 중의 한 명인데, 지혜제일智慧第一이라 불립니다. 지혜가 가장 높은 제자라는 뜻이지요. 소승에서 지혜가 가장 높은 사리자에게 대승의 교리를 전하는 형식을 띱니다.

여기서는 색수상행식色受想行識 오온五蘊 가운데, 대표로 색을 말합니다. 그래서 제일 먼저 나오는 색불이공色不異空 이후에는 당연히 수불이공, 상불이공, 행불이공, 식불이공이 생략되어 있습니다.

색불이공은 색이 공과 다르지 않다는 말입니다. 색과 공이 다른 두 개로 분명히 구분되지 않는다는 뜻이죠. 이미 설명했듯이 색의 존재 형식이 공이기 때문이지요. 공불이색空不異色은 공이라는 존재 형식이 바로 색으로 나타난 것이기에 당연히 공이 색과 분명히 둘로 구분될 수가 없다는 말입니다. 색불이공, 공불이색은 색즉시공色卽是空, 공즉시색空卽是色으로 표현할 수 있습니다. 여기서는 즉卽이란 표현법을 살펴볼 필요가 있습니다.

즉은 불교에 있는 독특한 표현법이었습니다. 동양 사상에서 즉을 사용한 표현으로는 성리학의 성즉리性卽理를 들 수 있습니다. 이는 주자학을 개괄하는 중요한 개념입니다. 불교가 들어오기 전에는 중국에서 즉이라는 표현법을 사용하지 않았습니다. 즉이라는 이 개념은 불교가 들어오고 나서야 사용되기 시작한 거죠. 다시 말해 불교가 들어오지 않았다면, 성즉리라는 표현도 나오지 않았을 것입니다.

불교가 중국에 처음 들어온 것은 서기 67년, 한나라 때입니다. 외래 종교인 불교는 중국에 들어와 중국 본토의 종교인 도교와 장기간의 격한 이론 투쟁을 거칩니다. 불교는 이미 온전한 이론 체계를 갖추고서, 즉 이론이나 사유의 수준이 굉장히 고도화된 상태로 중국에 들어옵니다. 이에 반해 도교는 불교에 비하자면 이론 체계가 그렇게 고도화되지 못한 상태였지요.

이론 수준에 이렇게 차이가 나는 것은 지극히 당연합니

다. 불교는 기원전 5, 6세기에 시작되었고, 도교는 한나라 말엽부터 시작한 종교이니 단순히 시간적으로도 불교보다 7, 800년 뒤집니다. 이론의 체계화 면에서 차이가 나지 않을 수 없죠. 그래서 서로 논쟁할 때 불교는 이론 수준이 낮다고 도교를 공격하고, 도교는 불교를 본토의 것이 아니라고 공격하죠.

두 종교 간의 투쟁은 당나라 때, 서기 650년경까지 계속되었습니다. 불교는 자신의 약점을 극복하기 위하여 중국 본토의 것인 도교의 이론을 많이 받아들여 중국화하는 데에 치중하고, 도교는 자신의 약점을 극복하기 위하여 불교 이론을 대폭 받아들여 이론 수준을 높이는 데에 치중합니다. 불교는 중국화에 성공하여 화엄종이나 선종 등과 같은 중국적 종파를 형성하고, 도교는 이론화에 성공하여 중현학重玄學을 완성합니다.

보통 '무거울 중'으로 읽는 중重을 여기서는 '거듭 중'으로 읽습니다. 그리고 현玄, '가물 현'을 붙여 중현학이라 하지요. 현은 공과 같은 느낌을 주기 때문에, '중현'은 이중 부정double negation을 의미합니다. 철학사적으로는 위진 시대의 현학玄學을 거듭 더 심화시킨 사유라는 의미도 담겨 있습니다.

중현학 사유의 기본 구조는 보편원리인 리理가 개별자들에게 성性으로 담겨 있다는 것입니다. 달리 말하면, 개별자들의 본성은 우주의 보편원리인 리를 반영한다는 뜻도 되지요. 이것을 성즉리라고 표현하였습니다. 이 사유 구조를 유학이 형이상학 체계로 삼아 기존의 유학 이론 위에 그대로 올려놓은 것입니다.

기존의 유학은 불교와 도교에 비해서 종교성이 없다는 약점이 있었습니다. 종교성이 없다는 것은 형이상학적 요소가 없다는 뜻이고요. 기존의 공맹孔孟 유학에서는 도덕적인 삶이 인간으로서 살아야 하는 당연한 삶으로 간주하였습니다. 이런 정도의 사상에는 형이상학이 없습니다. 그러니 유학은 깊이 있는 형이상학적 체계를 유학에 덧입힐 필요가 있었습니다.

성리학을 유학이 새로워졌다는 의미에서 신유학新儒學이라고도 하는데, 새로워진 내용이 바로 도교의 중현학 사유 체계를 그대로 기존의 유학 체계 위로 올려놓은 것입니다. 자세히 살펴보면 성리학에서 가장 중요하게 사용하는 개념인 리理, 기氣, 태극太極, 성性 등은 모두 도교의 것들입니다. 중현학의 체계를 유학에서 수용한 형태가 바로 주자학이고 성리학입니다. 성리학에 불교적 요소가 보이는 이유는 도교가 불교 이론을 수용하여 완성한 중현학을, 다시 성리학이 받아들였기 때문입니다.

도교가 불교 이론을 대폭 수용해 이론의 고도화를 이뤄 중현학을 정립하고, 유학은 도교의 중현학을 그대로 덧입혀 신유학을 정립합니다. 물론 하루아침에 된 것은 아닙니다. 유학에서 중현학을 수용하는 학적 맥락이 있습니다. 신유학 정립을 완성한 학자로 주희를 꼽는데, 주희 이전부터 주돈이, 정호, 정이 등의 학자들이 이 작업에 힘을 쏟았습니다. 그런데 이 학자들은 모두 초기에 도교를 연구하던 학자들입니다. 도교의 이론을 공부하다가 차츰 중화민족의 부흥을 꿈꾸며 유학으로 방향을 틀어서 유학적 세계관을 새로 정립한 것입니다.

성리학, 즉 주자학의 의미를 다시 한번 새겨볼까요. 주자학에서는 유학적, 도덕적인 삶을 체화해 일상을 살아가면, 그 자체로 우주적 존재로 거듭나게 된다는 의미를 띱니다. 주자학에 와서 개인의 도덕적 행위는 우주적인 삶의 양식이 됩니다. 도덕적 개인이 우주적 존재로 거듭나는 셈이지요. 그러니 한 개인의 존재 가치가 격상합니다. 성리학 이전의 유학과 달리 이제 개인의 도덕적 행위가 보편적 세계의 우주 원리를 구현하는 행위가 됩니다. 다시 말해 주자는 유학의 틀에서 한 개인을 우주적 존재로 격상시키는 작업을 하였습니다.

《도덕경》의 유무상생도 관계론이고, 《반야심경》의 본무자성도 관계론입니다. 중국 전통 사유의 관계론과 불교적 관계론에는 차이가 있습니다. 노자가 말하는 관계론, 즉 유무상생은 유와 무의 상호의존성을 뜻하는 관계론입니다. 유는 유대로, 무는 무대로 자기 정체성을 지키면서 그대로 있습니다. 다만, 유의 정체성은 그 대립 면인 무의 정체성에 의존해서야 드러나고, 무의 정체성은 그 대립 면인 유의 정체성에 의존해서야 드러나는 것이지요.

불교에서는 상호의존성에 그치는 것이 아니라, 대립 면이 서로 다르지 않음을 말합니다. 이것과 저것이 서로 의존해 있다는 사유와 이것과 저것이 다르지 않다는 사유는 다릅니다. 공의 세계관 안에서는 어떤 것도 자신만의 견고한 정체성을 기반으로 하여 존재하지 않습니다. 존재 자체가 관계인 것입니다. 그래서 '다르지 않다'나 '둘이 아니다'라는 사유는 독립된 정체성 간의 상호 의존을 말하는 사유보다 관계론이 더 심화된 상호 삼투를 말합니다.

좀 더 비유적으로 말하면, 다른 둘이 서로 섞여 버린다는 말이지요. 《반야심경》에서 말하는 정체성은 견고하지 않아서 오래가는 정체성이 아닙니다. 가유假有로서, 잠시 있거나 겨우 있는 정체성입니다. 이렇게 되어야 불국과 속세가 다르지 않아서, 속세에서도 불법이 실현될 수 있게 됩니다. 불국과 속세가 각자 정체성을 유지하면서 불국이 불국으로 따로 존재하고, 속세가 속세로 따로 존재한다면, 속세에서 불법의 실현 가능성은 사라집니다. 불국과 속세가 각자의 정체성을 잠시 혹은 겨우 유지하기 때문에 불국과 속세는 언제든지 서로 삼투될 수 있습니다.

각 개별자의 정체성을 희석하여 이것과 저것을 긴밀히 삼투시키는 사유 방식이 중국에 들어왔습니다. 정확히 같다고 할 수는 없지만, 이런 사유 방식은 이전의 중국에 없었습니다. 긴밀히 섞여 엄밀하게 구분되지도 않는 관계를 표시할 때 즉을 사용하기로 합니다.

그러니 성즉리는 개인의 본성과 우주의 이치가 똑같은 것은 아니지만, 매우 긴밀하게 서로 삼투되어 있음을 뜻합니다. 우리가 보는 《반야심경》은 현장의 번역본입니다. 현장은 불교는 불교대로, 도교는 도교대로 각각 완성의 시기였던 당나라 초엽, 서기 650년경에 활동하였습니다. 그 시기에 번역하였기 때문에, 즉이라는 용어를 매끄럽게 잘 구사했다고 볼 수 있습니다.

다시 돌아갑니다. 색불이공은 색이 공과 다르지 않다는 뜻입니다. 색과 공이 둘이 아니라는 말이죠. 의자도 하나의 색입니다. 의자는 의자를 의자이게 하는 본성을 가지고 존재하는 것이 아닙니다. 판자 등 여러 부속이 연합해서 의자로 잠시 드러난 것이죠. 살펴봤듯, 의자도 가유입니다. 그래서 의자라는 색의 존재 형식이 공인 것입니다. 색과 공은 따로 떨어져 있는 전혀 다른 것일 수 없습니다. 의자라는 색을 색이게 하는 존재 형식이 공이기 때문입니다.

그다음이 공불이색, 공이 색과 다르지 않다는 뜻입니다. 이해하기 어렵지 않습니다. 우리에게 익숙한 표현, 즉 색즉시공이 이어집니다. 색 안에 공의 논리가 깃들어 있다는 뜻입니다. 색과 공이 서로 삼투되어 있죠. 공즉시색은 공이라는 논리가 색을 색으로 만든다는 뜻입니다. 공의 논리가 없으면 색이 색으로 존재할 수 없습니다.

금덩어리가 있다고 해봅시다. 이 금덩어리는 색입니다. 색이니 이것에도 공의 논리가 들어있죠. 만약에 공이 아니라면 금덩어리를 금덩어리이게 하는 성질이 있어야만 합니다. 금덩어리의 존재 근거로서의 본질이 있어야 한다는 말입니다. 그러면 이 금덩어리는 그 본질을 자신의 존재 근거로 삼고, 그 본질을 지키려고 필사적일 수밖에 없습니다. 그 본질이 없으면 그것이 아니게 되기 때문입니다.

금덩어리에 본질이 있다면 금덩어리는 그 본질을 지키는 데에 필사적일 수밖에 없고, 그러면 금덩어리는 다르게 변할 가능성이 없어집니다. 특정한 성질, 본질에 따라 금덩어리로 존재하기에, 다른 것으로 변하면 더는 금덩어리가 아니게 되기 때문입니다. 하지만 실제로 금덩어리는 변할 수 있습니다. 이 금덩어리를 다듬어 사자상을 만들 수도 있죠. 금덩어리가 사자상으로 변할 수 있는 이유는 금덩어리 역시 공이기 때문입니다.

공이기 때문에 색이 될 수 있습니다. 공성空性이 없으면 색이 될 수가 없지요. 색은 또 공의 논리 속에서 존재합니다. 이 정도면, 색불이공 공불이색, 색즉시공 공즉시색을 이해할 수 있습니다.

수상행식 역부여시受想行識 亦復如是는 '수, 상, 행, 식도 모두 이와 같다'라는 말입니다. 색으로 설명하였지만, 사실은 여기에 나머지 사온인 수상행식도 모두 포함된다는 뜻입니다. 결국 오온이 모두 다 공이고, 공이 다 오온이라는 설법입니다.

4장

뒤집힌 생각을 바로잡아,
가장 탁월한 길을 선택한다

삼법인과 전도몽상

인간은 이론이나 진리를 통해서

세계를 보는 존재가 아니라,

세계를 통해서 진리와 이론을 건축하는 존재입니다.

색불이공 공불이색 색즉시공 공즉시색色不異空 空不異色 色卽是空 空卽是色을 알아봤습니다. 다음 구문을 살펴보기에 앞서, 먼저 불교의 삼법인三法印을 봅시다.

삼법인이란 '진리의 도장'이라는 의미로, 제행무상諸行無常, 제법무아諸法無我, 열반적정涅槃寂靜 셋을 말합니다. 세계의 모든 것은 변하고, 세계에 '나'라 할 만한 것이 없으며, 그러니 온갖 번뇌와 분별을 소멸시켜야 한다는 뜻입니다.

가장 먼저, 제행무상은 세계가 무상하다는 말입니다. 무상하다는 말은 변한다는 뜻이지요. 세상에 변하지 않는 것은 없습니다. 모든 것이 변합니다. 본무자성本無自性, 즉 공空이기 때문입니다. 세상만사는 변화 속에 있습니다. 실체적 존재란 없습니다. 본질을 근거로 정체성을 분명히 갖는 존재란 있을 수 없지요. 그러니 정체성을 근거로 자의식을 가진 '나'라고 할 만한 것이 있을 수 없습니다.

아인슈타인이 태어나기 이전 시대의 사람들은 상대성 이론을 상상할 수도 없었습니다. 그리고 지금은 일반 상대성 이론과 양자역학이 인류 지식의 커다란 두 기둥이자 마지노선으로 자리 잡고 있지요. 즉 이 선을 과학적 지식의 끝자락으로 받아들이고들 있는 것입니다. 하지만 또 시간이 지나면 과학적 지식의 경계선이 어떻게 팽창할지 알 수 없습니다. 그때는 저희가 아인슈타인 이전 시대의 사람들과 같은 위치에 놓이게 되는 셈이 되겠지요.

과학뿐 아니라 수학도 마찬가지입니다. 삼각형 내각의 총합은 몇 도일까요? 모두가 알다시피 180도입니다. 하지만 의외로 이 답이 유일무이한 정답은 아닙니다.

유클리드 기하학에서는 삼각형 내각의 총합이 180도가 맞습니다. 하지만 놀랍게도 비유클리드 기하학의 세계에서 삼각형 내각의 총합은 180도보다 작을 수도, 혹은 클 수도 있습니다. 실제로 우리가 오늘날에 유용하게 사용하고 있는 GPS 기능은 이 비유클리드 기하학에 따라 만들어진 도구입니다.

심지어 수학적 원리로 진리에 다다를 수 없다는 이야기는 진즉에 쿠르트 괴델이라는 수학자가 '모순이 없는 수학 체계에는 반드시 증명할 수 없는 명제가 있다'라는 '불완전성 정리'를 통해 증명하기도 했었고요.

종교 이론도 마찬가지입니다. 소승에서 대승으로의 패러다임 전환이 그러했습니다. 개인의 해탈解脫을 추구하기 위한 소승의 이론이 불국과 속세의, 그리고 중생과 아라한의 구분을 두게 되었지요. 이에 대한 반성과 개혁의 염원으로 종교개혁이 일어나 공의 논리를 근거로 불이不二를 내세웁니다. 불국과 속세의 구분을 해소하여, 중생과 함께 해탈하거나 중생의 해탈을 도와야 한다는 목소리를 내기 시작했지요. 이것이 바로 대승 불교의 등장입니다. 종교적 관점이나 확신이 변한 것입니다.

서양에서도 이와 비슷한 개혁이 있었습니다. 천주교가 주류이던 때 교단의 폐해가 심각해지자, 루터가 95개조 반박문을 들며 종교혁명을 일으켜 개신교가 등장하였습니다.

대승 이전에는 소승 관념이 불교 이론의 전부였고, 개신교 이전에는 천주교가 기독교 관념의 전부였음에도 불구하고 시대와 상황의 변화에 따라 시대에 맞춰 변화하게 된 것입니다.

가장 영원불변할 것 같은 과학적, 수학적 원리와 종교적 관념마저도 결국엔 변합니다. 제행무상은 세상 그 어떤 것도 변하지 않는 것이 없다는 말입니다. 제법무아는 이 세상 그 어떤 것도 그것 자체로 존재하지 않음을 말합니다. 모두 관계로 이루어져 있기 때문입니다. 열반적정은 고통도 집착도 의미 없음을 깨닫고 깡그리 소멸시켜서 모든 것이 잘 정돈된 상태에 도달해야 한다는 말입니다.

열반적정에서 열반은 니르바나를 음역한 것입니다. 원래 의미는 입으로 바람을 불어서 불을 끈다는 뜻입니다. 탐진치貪瞋癡로 일어나는 번뇌와 고통을 잠재우고 도달한 이상적인 상태인데, 모든 번뇌와 속박에서 벗어났다는 의미에서 적정寂靜이라고 합니다. 불교에서는 열반적정에 도달하는 것이 최종 목적이라 할 수 있습니다.

결국 가장 근본적인 것은 세계 그 자체입니다. 세계를 설명하는 어떤 개념이나 이론도 영원한 진리이기 어렵습니다.

세계에 대한 필요가 달라지면, 세계를 설명하는 개념이나 이론은 언제나 변할 수 있습니다.

하지만 우리는 가끔 이론을 알고 나면, 세상을 전부 아는 것인양 착각하곤 합니다. 현실과 이론 사이에 거리가 있을 수 있음에도 말입니다. 되레 진짜 현실은 이론과 너무나 딴 세상이기 쉽습니다.

물론 이 말이 개념이나 이론을 무시해도 된다는 뜻은 결코 아닙니다. 이론을 깊이 알면 알수록 세상을 잘 다룰 가능성이 더 커지는 것은 맞습니다. 다만 전도몽상顚倒夢想하면 안 됩니다. 전도몽상이란 생각이 거꾸로 뒤집힌 상태를 뜻합니다. 전도몽상을 구체적으로 이해하기 위하여, 흔히들 말하는 민주주의, 사회주의, 자본주의, 공산주의 등의 이념과 체제를 살펴봐도 좋겠습니다.

모든 이념과 체제는 이 세상을 더 자유롭고 행복하게 만들기 위해 고안되었습니다. 그런데 우리가 머릿속에 어떤 이념이 더 우월하다고 판단하고 그것을 따르겠다고 마음먹으면, 그 순간부터 전도몽상이 시작됩니다. 이 이념을 얼마나 철저하게 수호하려고 하는지만을 유일한 잣대로 삼습니다. 세상을 더 자유롭고 행복하고 번영하게끔 하기 위한 것이라는 것은 까맣게 잊고, 해당 이념의 수호에 성공했는지 혹은 그러지 못했는지만 따지게 된다는 뜻입니다. 이 지경이 되면, 세상이 어떠한지는 아무 관심 없고, 오직 이념의 실현 여부에만 관심을 둡니다.

인간은 이론이나 진리를 통해서 세계를 보는 존재가 아니라, 세계를 통해서 이론과 진리를 만드는 존재입니다. 인간은 의미를 받아들이고, 받아들인 그 의미를 구현하기 위해서 사는 존재가 아니라, 삶의 의미를 만들어가는 존재입니다.

세상을 바로 알기 위한 수단으로 이론을 익히는 것은 중요하지만, 세상과 이론은 일치하지 않을 수 있다는 점을 잊으면 안 됩니다. 이론을 익히되 전도몽상하지 않고, 이론과 세상 사이의 변증법적 관계 속에서 내가 가진 능력을 잘 발휘하는 것, 이것이 핵심입니다.

공을 기호가 아니라 실재로 보는 것도 전도몽상이고, 가유假有를 실유實有로 보는 것도 전도몽상이고, 가짜를 진짜로 보는 것도 전도몽상입니다.

불생불멸 불구부정 부증불감

舍利子 是諸法空相 不生不滅 不垢不淨 不增不減

사리자 시제법공상 불생불멸 불구부정 부증불감

사리자여. 세상의 모든 것이 공이라

생겨나지도 않고 사라지지도 않는다.

더럽지도 깨끗하지도 않다.

더해지는 것도 없고, 줄어드는 것도 없다.

다음은 사리자, 시제법공상, 불생불멸, 불구부정, 부증불감舍利子 是諸法空相 不生不滅 不垢不淨 不增不減이라는 구절이 나옵니다. 사리자에게 세상 모든 것이 공이라고 말합니다. 제법諸法은 모든 것을 말합니다. 여기서 모든 것은 존재하는 것 모두를 말하기도 하지만, 존재하는 것에 대한 모든 인식이나 관념을 뜻하기도 합니다. 어쩌면 이쪽이 더 정확할지도 모르겠습니다.

인간은 어떤 것과도 그것 자체와 직접 관계할 수가 없습니다. 인간은 세계를 해석하고 설명하는 방식으로만 무언가와 접촉할 수 있습니다. 그래서 제법은 모든 것이라는 의미이지만, 더 정확하게는 모든 것에 관한 관념이라고도 할 수 있습니다. 그런 관념마저도 모두 공으로 되어 있다는 것입니다.

육체적인 것, 정신적인 것, 물질적인 것이 모두 다 공의 형식으로 존재한다고 하죠. 세계의 모든 것을 다 공상空相이라 한다고 해도, 세계의 존재성을 부정하는 것은 아닙니다. 세계는 존재합니다. 다만, 존재하는 형식이 공일 뿐입니다. 이렇게 존재하는 것을 가유라 합니다. 혹은 환幻이라고도 하고요.

불생불멸不生不滅은 생겨나지도 않고 사라지지도 않는다는 말입니다. 하늘에 있는 구름을 봅시다. 지금 보이는 구름이 어제 있던 구름은 아니겠지요. 또 내일 구름이 있어도 지금 보는 구름은 또 아닐 것입니다. 또한 구름은 구름으로 생겨난 것이 아니라 구름으로 드러난 것뿐입니다. 수증기들이 인연을 맺어 구름이라는 형태로 드러난 것이니까요. 내일 보이지 않는다고 구름이 없어진 것이라고 할 수도 없습니다. 수증기의 인연이 풀어진 것일 뿐이지요. 그래서 인연생기因緣生起, 즉 세계에 존재하는 모든 것은 드러나고 현현하는 것이지, 갑자기 확고한 정체성을 가진 존재로 생겨나거나 그것 자체로서의 생명력을 상실하는 방식으로 소멸하는 것이 아니라는 말입니다.

생기거나 소멸하는 것은 세계의 진실이 아니라, 그저 우리의 눈에 그렇게 보이는 것이고 우리의 뇌가 그렇다고 생각하는 것일 뿐입니다. '나'라고 할 만한 것이 없는데, 무엇이 생겨나고 없어지는 독립된 사건이 있을 수 있겠습니까.

불구부정不垢不淨은 더럽지도 않고 깨끗하지도 않다는 말입니다. 원효대사의 해골 물 이야기를 떠올려봅시다. 원효대사가 당나라로 가는 길에 잠을 자다가, 목이 너무 말라 깼다고 합니다. 손을 더듬어보니 웬 그릇에 물이 있어 물을 한 모금 시원하게 마시고 다시 잤다고 하지요. 그렇게 시원하게 마시고 잤는데 아침에 일어나 보니 옆에 해골바가지가 놓여 있었다고 합니다. 어젯밤에 마신 물이 해골바가지에 담겨 있던 물이었던 것입니다. 그걸 보고는 구역질을 했다고 하지요.

밤에는 그렇게 시원하던 물이 아침에는 구역질이 난다면, 이 물을 깨끗하다고 해야 할까요, 더럽다고 해야 할까요? 깨끗하지도 않고 더럽지도 않지요. 물과 자기와의 관계에서 인연에 따라 시원하게도 느껴지고, 더럽게도 느껴진 거지요. 시원하게 마실 때는 색수상행식色受想行識이 묘하게 인연이 되어 시원하다는 느낌으로 다가온 것이고, 구역질이 날 때도 색수상행식이 묘하게 인연이 되어 더러운 느낌으로 다가온 것이죠. 깨끗함과 더러움이 존재하는 게 아니라, 인연에 따라 깨끗한 느낌으로 드러날 때도, 더러운 느낌으로 드러날 때도 있습니다. 본질적인 시원함 자체가 따로 있지 않고, 본질적인 더러움 자체가 따로 있지 않습니다.

부증불감不增不減은 더해지는 것도 없고, 줄어드는 것도 없다는 말입니다. 부증불감에는 많아지고 적어지고, 커지고 작아지고, 높아지고 낮아지고, 넓어지고 좁아지는 것 모두가 해당합니다. 현실적으로는 늘어나거나 줄어드는 일이 구체적으로 보이지만, 존재의 근본 형식은 공이므로 늘어나거나 줄어들 수 없습니다. 실체적 조건이 있을 때 무엇인가가 보태져서 늘어나고, 또 거기서 무엇인가가 빠져서 줄어들 수 있습니다. 하지만 이 세계는 인연생기 할 뿐이니, 즉 제법이 공이니, 보태지거나 줄어드는 상황이 있을 수 없지요.

모든 것이 그저 공의 형식으로 존재할 뿐이니 생겨나지도 않고 소멸하지도 않고, 더러워지지도 않고 깨끗해지지도 않으며, 더해지지도 않고 줄어들지도 않습니다.

가장 탁월한 길

是故 空中無色 無受想行識

시고 공중무색 무수상행식

그러므로 공의 관점으로 보면 색수상행식도 없다.

無眼耳鼻舌身意 無色聲香味觸法 無眼界 乃至 無意識界

무안이비설신의 무색성향미촉법 무안계 내지 무의식계

눈도, 귀도, 코도, 혀도, 몸도, 의식도 없고,

색깔도, 소리도, 향기도, 맛도, 감촉도, 법도 없다.

안계부터 의식계까지 다 없다.

시고 공중무색 무수상행식是故 空中無色 無受想行識. 시고是故는 '이런 까닭에'나 '그러므로' 정도로 해석하면 되겠습니다. 앞에서 말한 내용을 긍정하면서 근거로 삼아 다음 말을 이어가는 표현이니, 그 안에 담긴 의미는 '세계가 모두 인연생기하여 공이니' 정도가 되겠습니다. 앞에서 오온개공五蘊皆空의 이치를 대승적 차원에서 분명히 했습니다. 시고라는 표현의 진짜 속내는 '대승 차원의 이론에서 보면……'이 되겠습니다. 그 다음에 나오는 내용은 모두 대승의 차원에서 소승의 관점을 비판하는 것입니다.

공중무색空中無色의 공중空中은 '공 속'으로 읽어야 하는데, 이렇게 되면, 또 공이 실체로서 존재한다고 오해할 수 있습니다. 무엇인가 실체의 자격을 가지고 존재해야 속이 있고 겉도 있을 것 아니겠습니까. 이런 점은 우리가 피할 수 없는 언어의 한계로 받아들여야 할 것입니다. '공이라는 존재 형식으로 보면'이나 '공이라는 존재 형식을 근거로 보면', '대승의 공관에서 보면' 정도로 해석하면 되겠습니다.

여기에 나오는 중中이라는 글자가 의미하는 바와는 거리가 있지만, 중이라는 글자가 나온 김에 짚고 가야 할 것이 떠오릅니다. 중도中道라는 개념을 많이 들어보셨을 것입니다. 중도라는 개념은 서기 150, 160년대에 인도의 스님 나가르주나, 한자권에서는 용수라 부르는 스님이 매우 철저하게 제시했습니다. 중도의 중을 가운데라고 이해한다 치면, 둘 가운데 하나 혹은 둘 사이에 있는 적절한 점을 중도라고 하겠지요. 그런데 이 중도란 흔히들 생각하는 중간점이나 평균을 뜻하지 않습니다. 중도란 가장 제대로 된, 가장 탁월한 상태를 뜻합니다.

불교 경전을 읽으면 심심치 않게 '색과 공이 있으면 색 변도 여의고 공 변도 여의고……'와 같은 문장을 접할 수 있습니다. 이는 두 가지를 여의고서 한가운데로 가야 한다는 뜻이 아닙니다. 두 변을 여의고서 한쪽에 치우치지 않으면 중간 지점에 설 것이라는 뜻도 아닙니다. 좌우의 대립이 극심하니 좌와 우 사이의 어느 길을 도모해야 한다는 게 아니라, 가장 탁월한 길을 택해야 한다는 뜻입니다.

양극단을 부정하는 까닭은 양극단 사이의 중간을 위해서가 아니라, 양극단으로 치우친 이 상황 자체를 넘어선 탁월함을 추구해야 하기 때문입니다. 그래서 중도는 일반적으로 떠올리는 가운데 길이 아니라, 상황적 맥락을 초월해 탁월한 길을 뜻합니다. 맥락에서 조금 벗어난 내용이지만, 알고 지나가야 할 것 같아서 사족처럼 붙였습니다.

공중 바로 다음에 무색無色이 나오니 헷갈리려 합니다. 앞에서는 색즉시공 공즉시색이라고 하면서, 공이 색이고 색이 공임을 주장하다가, 여기서는 갑자기 무색, 즉 '색이 없다'라고 하니 혼란스러울 수 있습니다. 이는 문자 그대로 색이 존재하지 않는다는 뜻을 표했다기보다는 이해를 돕기 위한 표현으로 보는 쪽이 맞습니다.

색이 공이라고 여러 번 말해도 소승적 관점에 매몰된 이들이 알아듣지 못하고, 여전히 색에 집착하는 모습을 깨우쳐 주기 위해 표현이 과격해진 것이 아닐까 싶은데요, 무색을 이렇게 읽어보면 어떨까 싶습니다. '공을 깨닫고 보니,

색이라 할 것이 없더라.' 이어서 나오는 말이 무수상행식無受想行識, 수온도 없고, 상온도 없고, 행온도 없고, 식온도 없다. 오온이 없다는 말입니다. 오온이 모두 공임을 다시 강조하는 것입니다. 즉 세계가 다 공임을 인정하면, 나라고 할 만한 것이 없다는 말을 이해할 것입니다. 나라고 할만한 것이 없다는 말을 '무아'라고 표현합니다. 여기서 무색은 세계가 '공이니 색이라 할 것이 없다'라고 해석하면 되겠습니다. 시고 이후로는 소승에 대한 비판의 성격을 띱니다.

무안이비설신의 무색성향미촉법 무안계 내지 무의식계無眼耳鼻舌身意 無色聲香味觸法 無眼界 乃至 無意識界는 '눈도, 귀도, 코도, 혀도, 몸도, 의식도 없고, 색깔도, 소리도, 향기도, 맛도, 감촉도, 법도 없다. 안계부터 의식계까지 다 없다'라고 해석할 수 있습니다.

소승 때부터 인간이 경험하는 세계를 표현하는 몇 가지 방식이 있습니다. 그중에 대표적인 것이 오온, 십이처十二處, 십팔계十八界입니다. 오온은 여태 살펴봤습니다. 십이처는 육근六根으로 불리는 안이비설신의眼耳鼻舌身意 여섯 감각 기관과, 육경六境으로 불리는 색성향미촉법色聲香味觸法 여섯 인식 대상을 합해 부르는 개념입니다. 눈, 귀, 코, 혀, 몸, 의식이라는 여섯 기관을 통해 색, 소리, 냄새, 맛, 감촉, 관념의 여섯 대상을 느낄 수 있습니다.

또 육경과 육근이 관계해 만들어내는 육식六識이 있습니다. 안식, 이식, 비식, 설식, 신식, 의식을 통틀어 칭하는 말이지요. 안식이란 눈과 색이 만들어내는 관념의 세계이고, 이식이란 귀와 소리가, 비식이란 코와 냄새가, 설식이란 입과 맛이, 신식이란 몸과 감촉이, 의식이란 의식과 관념이 만들어내는 세계입니다. 이를 통칭해 십팔계라 하고요. 결국 이것들이 인간이 경험하고 감각하는 세계의 전부입니다.

대승 경전인 《반야심경》에서는 안계부터 의식계까지 모두 없다고 말합니다. 모두 다 공이라는 말입니다. 공의 관점으로 보면, 모두 실체성을 갖지 않으니 실체성을 가진 것으로서의 십팔계 모두를 없다고 말할 수밖에 없는 것입니다.

여기서는 소승에서 있는 것이라고 말하는 십이처나 십팔계도 모두 공이라는 것을 강조합니다.

프리드리히 니체는 《선악의 저편》이라는 책에 이런 말을 남겼습니다. "괴물과 싸우는 자는 괴물이 되지 않으려 노력해야 한다."

괴물과 싸우는 사람은 왜 괴물이 되지 않으려고 노력해야 할까요? 괴물과 싸운다는 것은 괴물과 경쟁 구도에 선다는 뜻입니다. 그런데 괴물을 이기려면 이걸로 충분하지 않습니다. 진정으로 괴물을 넘어서기 위해서는 괴물과 같은 경쟁 구도에 서서는 안 됩니다. 경쟁 구도 내에서는 아무리 선하고 순수한 방향으로 나아가려 한다고 해도 결국엔 그 경쟁 구도에서 벗어나지 못합니다. 둘 중 하나를 선택하는 방식이 아니라, 둘의 상호작용으로 만들어내는 경쟁 구도에서 벗어나기 위한 일대 도약을 감행해야 합니다.

요즘 우리 사회에 아름다운 말 중 하나로 '선한 영향력'이라는 말이 있습니다. 그런데 그 선한 영향력이라는 말에서 뜻하는 선善은 무엇일까요. 자기가 정한 것입니다. 자신이 정한 그것이 선으로 정립되려면, 그에 대립하는 악이 또 설정되겠지요. 깨끗한 것과 더러운 것, 순수한 것과 잡스러운 것이 있을 때 사람들은 어떻게 할까요? 누구나 다 잡스러운 것이 아니라 순수한 것을, 악이 아니라 선을 지향한다고 합니다. 그런데, 선의 기준은 누가 정할까요? 그리고 악은 무엇일까요? 다 자기가 정한 기준을 부과하겠다는 뜻입니다.

좌파도 선한 영향력을 펼친다고 하고, 우파도 선한 영향력을 펼친다고 합니다. 선한 영향력이라는 말은 분명 아름답지만, 이 관념이 그 사람의 시야를 매우 제한하는 역할을 할 수도 있습니다. '자기가 정한 선'으로 영향을 끼치겠다는 의도가 들어있으니까요. 선한 영향력을 끼치고 싶어 하는 사람은 자신이 정한 선의 기준이 매우 분명해서, 그 기준에 맞으면 선, 맞지 않으면 악이라는 이분법에 빠지기 쉽습니다. 이분법에 빠진 다음에는 선의 기준에 맞지 않으면 쉽게 배제하게 됩니다.

자신이 정한 것을 스스로 부정해보는 과정을 거치지 않은 모든 '선의지'는 한 방향으로만 행사하려는 일방적인 권력이 될 수 있습니다. '스스로를 부정하는 일'을 일상에서 행한다면, 그것이 바로 숙고熟考입니다. 깊게, 길게, 과학적으로 생각하는 것이지요. 아마 이런 연유로 소크라테스 역시 "숙고하지 않은 삶은 살 가치가 없다"라고 했을 것입니다.

뜬금없는 이야기가 아닙니다. 선이라고 하는 것에 불국 혹은 수행자를, 악에 속세 혹은 비수행자를 대입해보면 됩니다. 불국과 속세의 경쟁 구도에, 수행자와 비수행자의 경쟁 구도에 갇히면 불국은 속세와, 수행자는 비수행자와 달라지려 합니다. 하지만 속세의 삶을 버리고 붓다의 삶으로 나아간다는 관념으로는 속세와 대척점을 이루는 불국을 상정할 뿐입니다. 종내에는 불국이 속세와 경쟁 아닌 경쟁 구조에 빠지고, 그러하다가 우리가 우러러보던 불국이 아니게 될 공산이 큽니다. 그렇기에 우리가 해야 할 일이란,

자잘한 경쟁 구도에 갇히지 않는 것입니다. 진짜 성장하고 싶다면, 불국과 속세가 대립하는 것과 같은 경쟁 구도를 넘어서는 일대 도약이 필요하다는 것입니다.

《도덕경》에도 이런 대목이 있습니다. 상선약수上善若水. 아마 동양인이라면 자연스레 듣고 자랐을 말입니다. 탁월함이란 물과 같다……. 대부분은 이 말을 네모난 그릇에 담기면 물이 네모가 되고, 둥근 그릇에 담기면 물이 둥글게 되듯이 상황에 잘 맞춰야 한다거나, 물이 높은 곳에서 낮은 곳으로 흐르듯이 자신을 낮추는 태도로 살아야 한다는 말로 이해합니다.

하지만 이것은 충분한 이해라 할 수 없습니다. 상선약수라는 구문 다음에 바로 수선리만물이부쟁水善利萬物而不爭이 나옵니다. '물은 만물을 이롭게 하지만, 다투지 않는다'. 물은 세상을 이롭게 하면서도, 그 일을 누군가와 특정한 구도 속에서 경쟁하는 방식으로 하지 않는다는 뜻입니다. 노자는 그러므로 고기어도故幾於道, '도에 가깝다'라고 합니다.

천상천하 유아독존 하는 정도의 사람이라면, 일반성, 누구나 하는 말, 정해진 생각에 자신을 가두지 않습니다. 이런 것들에 자신을 가두면, 이런 것들이 공유되는 경쟁 구도에 갇히게 되지요. 그러면 창의성에서 멀어집니다. 정해진 경쟁 구도에서 한 조각을 차지할 수 있을 뿐, 큰 성취를 이루기 어렵죠.

우리는 경쟁 구도에 갇히는 상황을 경계해야 합니다. 경쟁 구도에 갇히면 치열한 경쟁에 빠지다가, 마지막에는 상호 모방으로 전락하고 맙니다. 상호 모방이 심해지면, 적대적 공존으로 각자의 존재성을 유지합니다. 상호 모방과 적대적 공존은 삶의 효율성과 생산성을 급격히 떨어뜨리고, 그러다가 환경의 변화로 외부 포식자가 나타나면, 잡아먹히거나 무너지고 맙니다.

살려면, 경쟁 구도를 넘어서는 일대 도약이 필요합니다. 이것을 소위 '혁신'이라고 합니다. 일대 도약을 감행하는 중심 개념으로 도가에서는 도를 제시하고, 《반야심경》에서는 공을 제시합니다. 경쟁 구도에 갇히고 나면, 각자의 낡은 정체성을 고집하는 일 이외에는 하지 못합니다. 자신의 정체성을 공으로 인식할 때만 혁신적인 변화가 가능해집니다. 금덩어리가 공이기 때문에 황금 사자상으로 변할 수 있듯이 말입니다.

공의 논리를 통해서 불국과 속세의 대결, 불국과 속세의 갈등, 불국과 속세의 경쟁을 무화無化할 수 있습니다. 속세가 공이므로 속세에서 불국이 실현될 수 있고, 불국이 공이므로, 불국에서 속세를 품을 수 있습니다.

경쟁 없는 세계는 없습니다. 경쟁이 좋냐, 나쁘냐 정도의 촌스러운 논의가 아닙니다. 경쟁 구도에서 도약할 수 있느냐 없느냐의 문제입니다. 경쟁 없는 세계를 원한다고 하거나, 꼭 도약하는 삶을 살아야 하느냐고 의문을 제기하는 사람은 차라리 여기서 이 책을 덮거나, 버리는 것이 좋습니다.

5장

나는 아무것도 바라지 않는다,
그저 고통의 바다를 건너갈 뿐이다

십이연기와 사성제

이 세계는 고통의 바다인데,

의도가 확고하여 무엇인가를 강하게 원하니

거기서부터 고통이 시작됩니다.

앞에서 말한 내용 가운데서 가장 중요한 것은 오온개공五蘊皆空입니다. 오온五蘊이 모두 공空이라는 관점을 근거로 십팔계十八界도 모두 공이라는 설명에까지 이르렀습니다. 이어서 십이연기十二緣起와 사성제四聖諦를 살펴봅니다.

십이연기와 사성제도 초기 불교 때부터 있던 관념입니다. 대승에서는 이 관념들마저도 공이라고 합니다. 소승과 대승의 관계에 대해서는 여러 논란이 있습니다. 소승과 대승이 있었네 없었네라고 가르는 말부터, 대승이라는 개념보다 소승이라는 개념이 먼저 있었다는 말도 있고, 소승과 대승을 구분하면 안 된다는 말도 있지요. 하지만, 분명한 것은, 종교개혁 운동이 실재했다는 사실입니다. 개혁으로 일어난 새로운 종교 형식에 일관된 흐름이 있었고, 이 흐름에 대승이라는 이름이 붙은 것입니다.

대승 운동 당시에 반야사상을 중심 교리로 삼았는데, 600여 권이나 되는 《반야경》을 260자로 정수만 요약하여 뒷부분에 붙인 것이 《반야심경》입니다. 앞부분에는 《금강

경》이 자리합니다. 《반야심경》은 이전에 있던 여러 쟁점을 짚고, 더욱 깊이 있게 논한다고 볼 수 있습니다. 그 깊은 논의의 이론적 근거, 핵심 근거가 바로 공입니다.

세계는 고통의 바다이고, 고통의 바다에서 벗어나는 것을 해탈解脫이라 합니다. 해탈한 그 상태를 열반涅槃이라 하고요. 열반에 이르지 못한 채, 고통의 바다에서 계속 돌고 도는 것을 윤회輪廻라 합니다.

윤회의 틀을 뚫고 벗어나는 것을 해탈이라 하는데, 왜 중생은 해탈하지 못할까요. 무지無知 때문입니다. 세계의 진실을 몰라서 업을 쌓고 윤회의 틀에서 벗어나지 못한다면, 세계의 진실을 제대로 보면 되지 않을까요. 세계의 진실한 모습을 실상實相이라 하지요. 그렇다면, 실상은 도대체 어떻게 존재할까요. 세계의 진실한 모습은 바로 인연因緣입니다.

세계가 인연으로 되어 있다는 사실을 공이라는 논리적 개념으로 표현합니다. 세계가 인연으로 되어 있다는 것을 현대적인 개념으로 표현하면, 바로 실체가 아니라 관계로 되어 있다고 할 수 있습니다. 이 인연을 풀어서 설명하면 십이연기十二緣起가 됩니다.

인연생기因緣生起, 즉 인연에 따라 생기는 나와 우주의 모습을 열두 단계로 설명하는 것이 십이연기입니다. 십이연기는 다음과 같은 열두 가지 단계로, 서로 원인과 결과가 되는 방식으로 진행합니다. 무명無明, 행行, 식識, 명색名色, 육입六入, 촉觸, 수受, 애愛, 취取, 유有, 생生, 노사老死.

하나, 무명. 실상을 모르는 것, 진실을 모르는 것, 가짜를 진짜로 착각하는 것. 올바른 세계관에 대한 이해가 없는 것입니다.

둘, 행. 자신이 지금까지 무지해서 한 행위로 쌓인 업(카르마). 우리가 하는 모든 행위는 끝나고 나면 바로 사라져 버리지 않고, 우리 안에 쌓이고 보존되어 인격으로 형성됩니다.

셋, 식. 쌓은 업으로 만들어진 인격이 의식하고 판단하는 주체가 됩니다.

넷, 명색. 인식의 주체가 형성되면, 보이지 않는 것 혹은 보이는 것, 정신 혹은 물질을 구분할 수 있게 됩니다.

다섯, 육처. 명색의 단계에 들어서면 안이비설신의, 육근의 감각 기관이 거기에 맞게 작동합니다.

여섯, 촉. 육근, 육경, 육식이 화합하여 십팔계를 형성합니다.

일곱, 수. 육근, 육경, 육식이 화합하면서 감수感受 작용이 일어납니다. 즉 기쁨, 즐거움, 분노, 쾌락 등의 감정이 일어납니다.

여덟, 애. 무엇인가를 맹목적으로 추구하고 사랑하는 단계입니다. 집착하는 단계이자, 갈망하고 좋아하는 단계입니다.

아홉, 취. 애의 단계에서 형성된 갈애渴愛의 결과로 취사선택 합니다.

열, 유. 취사선택 할 때는 이미 견고한 자기 존재성이 확립된 상태입니다. 이렇게 형성된 자의식에 따라 미래가 펼쳐집니다.

열하나, 생. 견고하게 확립된 자아에 따라 삶이 펼쳐집니다.

열둘, 노사. 태어났기에 늙고 병들어 죽습니다. 생겨난 관념들이나 '나'라는 주체성도 결국은 낡고 죽습니다. 여기서 모든 존재가 늙고 죽는 고통 속에서 허상임이 드러납니다.

우리는 윤회의 틀 안에 갇혀서 맴돕니다. 윤회 자체는 고통입니다. 고통인 윤회의 바퀴 안에서 벗어나지 못하고 돌고 도는 원인의 출발은 무명, 즉 무지입니다. 무명에서는 그 무명에 맞는 습관이 생깁니다. 그래서 거기에 맞는 행동 양식이 만들어지지요. 그다음은 그 행동에 따른 인식의 틀이 생깁니다.

예를 들어, 술을 마신다고 해봅시다. 처음에 술을 시작할 때는 술이 나쁠 수도 있다는 것을 모르고 마십니다. 술이 몸에 안 좋을 수도 있다는 걸 모르는 게 아니라, 술을 시작하면 이제 자기 의지로 끊을 수 없는 행동 양식이 생긴다는 점을 모르고 마신다는 이야기입니다. 그렇게 술을 마시다 보면 술이 습관이 되지요. 그렇게 술 마시는 습관이 생기면, 그다음은 그 습관을 정당화하는 인식의 틀이 생기게 됩니다. 그리고 그 인식의 틀이 세계를 보는 하나의 기준이 되고 맙니다.

사람들은 세상을 받아들이는 방식이 모두 다릅니다. 지금 이 책을 읽고 있는 사람 모두 각자가 이해하고 인식하는 바도 다릅니다. 이 책을 읽기 전부터 가지고 있는, 이 세계에 대한 관념이 다르기 때문입니다. 저마다 인식의 틀이 다르기에 저마다의 방식으로 받아들입니다. 그러고는 자기가 이 세계를 다르게 받아들인 바에 따라 세계와 접촉합니다. 세계와 접촉한 다음은 모두 각자 다른 느낌을 받는 것입니다. 각자 저마다의 느낌을 받고, 그에 따라 저마다 다른 말과 다른 행동을 하게 됩니다. 저마다 다른 말과 다른 행동을 하게 되면 그 말과 행동에 따라 다른 결과가 생기지요. 그리고 그 결과는 또 다른 일을 생기게 하는, 하나의 새로운 씨앗이 됩니다.

물론 씨앗이 결론이나 마무리가 아닙니다. 씨앗이 싹을

틔우듯 어떤 결과가 생기면 그 결과에 맞는 새로운 일이 생겨납니다. 새로운 일은 또 늙고 병들어서 죽어 사라지고요.

무명·행·식·명색·육입·촉·수·애·취·유·생·노사의 열두 단계 혹은 열두 요소로 인연이 이루어집니다. 이 열두 계기로 이루어지는 연기는 끝이 없고, 계속 돌고 돕니다. 이 열두 단계의 인연으로 이루어진 세계의 실상을 네 단계로 축약해 고집멸도苦集滅道, 사성제라 하고요.

붓다는 깨달음을 얻고 난 후, 보름을 걸어서 녹야원에 이릅니다. 녹야원에는 다섯 명의 도반이 수행하고 있었습니다. 거기서 깨달음 이후 최초의 설법을 합니다. 수행할 때는 쾌락주의와 고행주의의 양극단을 버리고 중도의 길을 가야 한다는 내용이었습니다. 바로 이어서 사성제와 팔정도八正道를 설했습니다.

세계는 고통의 바다입니다. 고통은 왜 생길까요? 강한 확신에 갇혀 무엇인가에 집착하니 거기서 고통이 생깁니다. 그러면 이제 이 고통을 끊어내어 없애야겠지요. 이 고통만 없애면 열반에 이르는데, 그 방법이 복잡하지 않습니다. 그 방법으로 제시된 것이 바로 팔정도입니다. 여덟 가지로 정해진 규칙을 착실하게 따르면 됩니다.

극단적 부정

無無明 亦無無明盡 乃至 無老死

무무명 역무무명진 내지 무노사

亦無老死盡 無苦集滅道

역무노사진 무고집멸도

무명도 없고, 무명이 다한 것도 없다. 죽고 사는 것도 없고,

죽고 사는 것이 다하는 것도 없다, 고집멸도도 없다.

무무명 역무무명진無無明 亦無無明盡은 '무명도 없고, 무명이 다한 것도 없다'라는 말입니다. 잠을 자며 꿈을 꿉니다. 꿈속에 어느 광인이 나를 칼로 찌르려 합니다. 꿈속에서 밤새 도망치느라 탈진이 일어나고, 다리에 쥐가 납니다. 너무 힘들고 고통스러워서 눈을 떠보니까 다행히 꿈인 것을 알았습니다. 꿈임을 알자, 그 상황이 더는 두렵지 않습니다. 마음이 안정됩니다. 꿈속에서 두려웠던 까닭은 꿈인 줄을 몰랐기 때문입니다.

꿈인 줄을 몰랐기 때문에 두려움에 떨고 고통을 받은 것입니다. 알고 나면 두려움에 떨며 도망치던 일이 얼마나 헛되고 허망하게 느껴지겠습니까. 그것은 원래 없는 일인데 말이지요.

원래 없는 것이니 그것을 없애려고 하는 노력마저도 헛되다면, 무명도 없고 그 무명을 다할 일도 없습니다. 원래 없는 것이니 없앨 노력도 필요 없습니다. 행위도 원래 실체성이 없이 인연으로만 되어 있는 것이란 말이죠. 무명도 공이니 없는 것이고, 없는 무명을 다 없애려고 하는 것마저도 없는 것을 없애려고 하는 것과 같으니 필요 없게 된다는 것입니다.

대승의 공관空觀을 철저하게 밀고 나가는 모습입니다. 소승에서는 십이연기의 단계 단계를 긍정적으로 보고 설명합니다. 대승 경전인 《반야심경》에서는 소승의 이런 태도를 철저하게 부수고 있습니다. 관념이 되었건 실체가 되었건, 어느 것이건 간에 하나의 상相으로 정립되는 것만큼은 철저히 부정하겠다는 태도입니다. 오온이 모두 공일진데, 무명이나 무명을 끝내는 것이나 어떻게 공이 아닐 수 있겠습니까.

이어서 나오는 무노사 역무노사진無老死 亦無老死盡은 '죽고 사는 것도 없고, 죽고 사는 것이 다하는 것도 없다'라는 말입니다. 무무명부터 역무노사진까지의 구문은 십이연기를 압축한 설명입니다. 무무명 역무무명진 다음에 내지乃至라는 표현이 나오는데, 앞서에서 살핀 바와 같이 이 '내지'라는 표현으로 십이연기의 첫 과정인 무명과 마지막 과정인 노사 사이의 열 과정을 모두 담았습니다.

다시 말해 무무명 역무무명진 구문에 십이연기의 다른 단계를 대신 넣어 읽을 수 있습니다. 두 번째 단계인 행을 넣어서 무행 역무행진 혹은 세 번째 단계인 식을 넣어 무식 역무식진이라고도 읽을 수 있다는 뜻입니다. 처음과 마지막인 무명과 노사를 설명하고, 그 사이의 열 단계는 생략하고 있습니다. 결국 '십이연기도 없고, 십이연기가 다함마저도 없다'라는 말이지요. 이어진 무고집멸도無苦集滅道도 사성제는 십이연기의 압축이라 했으니 역시 같은 말이 됩니다.

어떤 괴로움에 빠져 있다면 그 괴로움 자체 때문에 괴로운 것일까요, 아니면 무지 때문에 괴로운 것일까요? 답은 명확합니다. 괴로움이란 대개 무지 때문에 발생합니다. 아들이 공부를 안 해서 괴롭다고 해봅시다. 아들이 내 자식이라 할지라도 그를 공부하게 할 수 없다는 것을 모르기 때문에, 괴로움을 겪는 법입니다.

남편이 매일 과음한 채로 들어와서 괴롭다고 해봅시다. 이때의 괴로움도 마찬가지입니다. 남편을 술 마시지 않게 할 수 없다는 것을 모르기 때문에 괴로운 것입니다. 그럼 나의 이런 괴로움을 해소하기 위해서는 어떻게 해야 할까요. 자식이 공부하고, 남편이 술을 안 마시면, 괴로움에서 벗어나겠지요.

나의 괴로움이 풀리고 안 풀리고의 열쇠가 나에게 있지 않고 자식과 남편에게 있습니다. 열쇠가 나에게 있지도 않은데, 왜 자식이 공부 안 하고 남편이 술 많이 마시는 것으로 내가 괴로운가……. 그건 내 자식이라면 공부를 열심히 해서 좋은 성적을 받아야 한다거나, 적어도 내 남편이라면 과음은 안 된다는 자기가 정해놓은 선이 있기 때문입니다. 이렇게 정해놓은 선이 사실은 누가 봐도 나빠 보이지 않습니다. 그러나 그 선이 괴로움과 갈등을 만드는 것도 맞습니다.

《도덕경》 제2장에서 노자는 "모든 사람이 아름답다고 하니까, 그것을 아름다운 것으로 받아들이면 추한 일"이라고 합니다. 아무리 아름답고, 선하고, 도덕적이더라도 그것이 하나의 기준으로 자리 잡으면, 그것은 갈등과 폭력으로 나아갈 수밖에 없다는 뜻입니다. 자식 키우기가 힘들다, 남편하고 살기가 힘들다 하는 것들은 대개 내 뜻대로 안 된다거나, 내 기준에 맞지 않는다는 말 이상인 경우가 별로 없을 것입니다.

많은 사람이 제가 하는 말을 듣고 조금은 의아해하거나 아니꼽게도 봅니다. 이런 말입니다. "저는 이 세상에 힘든 일은 하나도 없다고 생각합니다. 다만, 힘들어하는 자신이 있을 뿐이죠. 자신의 기준을 최대한 줄이고, 그냥 눈앞에 닥친 일을 하나하나 해결해 나가면 되고, 그러다 보면 멀리 가게 된다 생각하고 삽니다. 이상과 꿈을 지키는 것과 기준을 지키는 일은 다른 일이니까요."

《반야심경》에서 하는 말도 이와 크게 다르지 않습니다. 당신이 당신을 힘들게 하는 그 기준에 갇혀 있는 한, 당신은 힘듦을 벗어날 수 없다. 자신의 확고한 기준에 갇혀 있는 한, 당신에게는 큰 성공이 보장되지 않는다. 크게 성공하고 싶다면, 당신을 괴롭히는 그 틀을 벗어나야 한다…….

여기서 성공이라는 단어 대신에 행복이나 자유 등의 아

름다운 보편 개념을 사용해야 독자들에게 더 그럴싸하게 받아들여진다는 것을 잘 압니다. 잘 알면서도 저는 일부러 '성공'이라는 단어를 사용합니다. 왜냐하면, 《반야심경》에 대해서 심리적인 친근감을 가지고 있는 사람들 대부분이 속세의 삶을 가볍게 무시해야 수준 높은 삶을 사는 것으로 오해하고 있음을 잘 알기 때문입니다. 저 역시도 그런 적이 있고요. 하지만, 맑고 향기롭고 청빈하게 살아야 한다는 강박으로는 맑고 향기롭고 청빈한 삶을 실현하기보다는 자신을 작고, 쪼그라들고, 괴팍한 사람으로 만들 위험이 있습니다. 한쪽으로 치우치면, 그것이 아무리 선한 것이라도 완수하기 힘듭니다.

대승의 공관은 바로 이 이분법적 구분을 부정하는 것입니다. 이분법적 구분을 부정하는 데에 사용되는 근본 논리가 바로 공이고요. 공의 논리가 지향하는 바는 정해진 틀에서 벗어나는 것, 상을 짓지 않는 것, 그 정해진 틀과 상이 이 세계의 실상이 아니라는 것을 알게 해주려는 것입니다. 공의 논리로 속세와 불국의 경계를 무너뜨려서, 속세에서 불국을 실현하고, 불국에서 속세를 살릴 것을 도모하는 것입니다.

그러기 위해서 무명에서 노사까지의 십이연기에 관한 실체적 인식을 부정할 뿐 아니라 무무명진 내지 무노사진, 실체적 인식을 부정하는 태도마저도 부정함으로써 실체적 인식을 깡그리 부정해야 합니다. 속세를 부정하다가 불국 한쪽을 실체로 보는 경향으로 쉽게 빠져들곤 합니다. 공의 논리를 철저하게 인식하지 않으면 한쪽을 부정하면서 다른 한쪽을 실체로 대하는 편향을 벗어나기 어렵습니다.

불교를 잘못 공부하면 성공도 돈도 명예도 다 부질없고 진짜 가치 있는 것은 청정하고 선한 마음을 갖는 것이라고들 하는데, 전혀 그렇지 않습니다. 불교에서는 격이 있는 성공, 격이 있는 돈, 격이 있는 명예를 말하고 있습니다.

아무리 공부해도 공이나 불이不二를 이해하지 못하고, 이해할 가능성도 전혀 없는 사람을 일천제一闡提라고 합니다. 만에 하나 본인이 일천제인 것 같은 생각이 드시면, 공을 포기하십시오. 그리고 본인의 관념에 따라 속세의 삶에 집중하십시오. 속세의 삶만 사십시오. 그러다 보면, 오히려 편향된 공을 실천하려 애쓸 때보다 더 맑고 향기롭고 청빈해지는 자신을 발견할 것입니다. 공을 포기하니 공이 실현되는 경지를 맛볼 수도 있습니다. 그리고 속세의 삶을 부정적으로 대하고, 속세의 삶과 전혀 다른 세상이 속세 너머 어딘가에 따로 있다고 말하는 사람을 멀리하십시오.

《반야심경》에서는 십이연기도 없고, 십이연기가 다한 것도 없다고 하면서, 부정을 부정하는 극단적인 부정을 보여주고 있지 않습니까. 구분하는 단계에서 벗어나 새로운 다음 단계로 넘어가려면, 구분하는 관점까지 넘어서야 합니다. 그래야만 대립 관계에 영향을 받지 않는, 새로운 단계를 꿈꿀 수 있기 때문입니다.

단적인 예로, 정신과 물질을 대립 관계로 두는 경우가 있습니다. 정신을 강조하는 편을 관념론, 물질을 강조하는 편을 유물론이라고 합니다. 관념론자는 유물론자를 부정하고, 유물론자는 관념론자를 부정합니다. 관념론자가 깨우쳤다고 하면서 유물론자로 바뀝니다. 이것을 깨우친 것으로 볼 수 있을까요? 유물론자가 깨우쳤다고 하면서 관념론자로 바뀝니다. 공의 논리를 적용한 것으로 보기에는 많이 부족합니다. 같은 경쟁의 구조 안에서 다른 한쪽을 선택한다는 점에서는 논리 구조를 그대로 지키는 꼴에 불과하지요.

자본주의를 비판하다가 공산주의를 선택한 것을 제대로 깨우친 일로 봐야 할까요? 자본주의와 공산주의의 중간에 서는 것이 중도中道일까요? 아닙니다. 이런 편향된 선택을 깨우친 것이라 할까 봐 걱정하는 논리가 바로 공이고 중도인 것입니다.

우리는 세계를 대립 관계로 바라보곤 합니다. 정신과 물질의 대립을 보지요. 여태의 논지를 따라 공, 즉 본무자성本無自性을 이해한다면, 정신과 물질이 있는 그대로 영원히 존재하는 것이 아님을, 정신과 물질에 어떠한 본질이 있는 것이 아님을, 인연 혹은 관계에 따라 잠시 그런 형상을 빚고 있을 뿐임을 알 수 있습니다. 그래서 정신과 물질의 공성을 이해하고 나면, 물질에서 정신으로 혹은 정신에서 물질로 이동하는 것에 그렇게 대단한 의미가 있지 않다는 것을 알게 됩니다.

이처럼 한 단계 상승한 경지인 열반에 이르면 정신과 물질이 모두 공임을 알고, 대립 관계 자체를 부정합니다. 이렇게 되면, '나'는 대립의 한쪽을 지키는 '나'로부터 벗어날 뿐만 아니라, 다른 한쪽을 선택하는 일이 대단한 일이 아니라는 것을 알게 되면서, 이전과는 다른 전혀 '새로운 나'로 다시 태어나는 것입니다. 이것이 바로 열반 아니겠습니까.

세계를 대립적으로 보도록 형성된 인식 주체로서의 나를 부정하며 대립적인 틀 자체를 건너가면, 한 차원 높은 단계를 볼 수 있는 새로운 '나'가 있습니다. 이를 무아無我라고 합니다. 무아는 '나'를 부정하는 문장입니다. '나'를 부정하는 까닭은 나를 허무와 부정성 속에 담그기 위함이 아니라, 자아와 주체가 가진 상을 철저하게 부정하여 진아眞我, 즉 참된 나를 드러내려는 것입니다.

《반야심경》에서는 부정까지도 부정하는 태도로 부정을 끝까지 밀어붙입니다. 이는 없음을 강조하고, 없음에 머무르기 위한 것이 아니라, 참된 있음을 드러내는 역할을 합니다. 그래서 무아도 진아를 드러내면서 자신의 소명을 다합니다. 이 극단적 부정은 허무주의나 염세주의에 자리를 내어주려는 것이라기보다는 진정한 긍정을 기대합니다. 이 진정한 긍정을 불교의 용어로 옮기면, 바로 열반이 됩니다. 무무명 역무무명진 내지 무노사 역무노사진 무고집멸도, 이 구문에 드러나는 극단적 부정의 참된 의미는 이렇습니다.

반야의 지혜

無智亦無得 以無所得故

무지역무득 이무소득고

지혜도 얻을 것도 없다.

얻을 것이 없기 때문에 그러하다.

무지역무득無智亦無得에서 무지의 지는 반야의 지혜로 볼 수 있습니다. 공관空觀을 끝까지 밀고 가면, 가장 높은 앎, 지혜, 경지마저 부정하는 단계에 도달합니다. 극에 이른 반야지般若智는 무지의 형태를 띤다는 말입니다. 종국에는 반야마저 없다고 할 수 있습니다. 이는 부정되지 않은, 숙고되지 않은, 반성되지 않은 지혜는 지혜로서 역할을 하지 못한다는 의미를 내포합니다.

자기 부정을 거치지 않으면, 무언가를 쉽게 특정한 내용으로 규정하게 됩니다. 특정한 내용으로 규정된 앎은 그것 자체로 실체성을 획득하여 무언가 얻었다는, 혹은 가졌다는 느낌을 줍니다. 하지만 자기 부정을 거친 지혜는 절대한 가지 내용이나 기준으로 고정되지 않습니다. 뒤에 이어지는 무득無得이란 바로 이런 의미입니다.

이어지는 이무소득고以無所得故는 관념이든, 개념이든, 생각이든, 어떤 것도 특정한 내용으로 규정할 수 없기 때문이라는 뜻입니다. 이 구절도 주의 깊게 봐야 합니다. 반야의 지혜를 말하면서 반야마저 없다고 말합니다.

거듭 이야기하되, 《반야심경》 전체에서 제일 중요한 두 가지가 바라밀다波羅蜜多와 공입니다. 바라밀다는 '건너가기'입니다. 건너가서 도달할 어떤 이상적인 상태를 추구하는 것이 건너가기가 아닙니다. 건너가기 자체가 바라밀다입니다. 건너가기의 존재적 근거이자 논리적 근거가 바로 공이고요.

세계가 어떤 완벽한 정체성을 지닌 채로 실체화돼 있으면, 실체화된 그 상태나 내용을 지켜야 하는 존재적 사명을 가지게 됩니다. 이에 반해 건너가기란 자기 정체성을 고집하지 않아야 가능한 것이지요. 그러니 완벽한 정체성을 지닌 채로는 건너가기가 애초에 불가능합니다. 세계가 공, 본무자성이라는 형식으로 되어 있기에 건너가기도 가능해지는 것입니다. 여기서 '자기 정체성을 고집하지 않아야'를 '자기 정체성을 부정해야'로 표현하는 것입니다.

건너가기를 해서 도달한 어떤 결과물로서의 경지를 지혜라고 하지 않습니다. 결과물은 지혜의 부산물이라 해도 틀린 말이 아닙니다.

플라톤이 쓴 《국가론》은 철학이 아닙니다. 《국가론》을 철학으로 간주하면, 정치·경제적 조건이 어떻게 변화하더라도 상관하지 않고 그것을 있는 그대로 세상에 구현하려 합니다. 그러면, 《국가론》에 써진 세계관과 당장에 살고 있는 세상은 어깃장이 날 수밖에 없죠. 《국가론》을 신봉하는 사람은 이제 세상이 잘못되었다고 세상을 탓하고 비난할 것입니다. 《국가론》은 철학이 아닙니다. 철학의 부산물입니다. 철학은 플라톤이 《국가론》을 쓸 때 사용한 '사유의 높이'나 '사유의 활동'을 말합니다. 플라톤이 활동시킨, 혹은 작동시킨 사유가 '철학'입니다.

철학은 어떤 특정한 내용이 아니라 '사유의 활동' 그 자체입니다. 우리가 철학을 하는 목적은 특정한 철학 이론을 세상에 구현하는 것이 아니라, 세상의 문제를 철학적인 수준에서 해결하기 위함입니다. 철학을 특정한 내용의 어떤 것으로 정하면, 그 내용과 맞지 않은 방향으로 세상이 변할 때, 철학은 아무 역할도 하지 못합니다.

철학을 특정한 내용으로 정하지 않고, 철학을 '탁월한 사유'의 활동으로 보면, 세상이 어떻게 변하더라도 거기에 맞는 문제 해결 방안을 생산할 수 있습니다. 그 문제 해결의 방안이 흔히들 이론이라 부르는 것입니다. 철학을 제대로 이해하면 이론의 생산자가 되고, 철학을 제대로 이해하지 못하여 특정한 이론으로 간주하면, 이론의 수입자에서 벗어나지 못하지요.

반야의 지혜를 부정하면서까지 얻을 것이 없다고 하는 이유는, 지혜가 특정한 내용으로 규정되는 것을 방지하고자 하는 뜻입니다.

아무리 반야의 지혜라고 하더라도 '반야의 지혜'라는 이름으로 테두리를 정하고 나면, 사람들은 누구나 테두리가 정해진 혹은 특정한 내용에 갇힌 그 반야를 평가의 잣대로 들이밀기 시작합니다. 반야의 지혜마저도 시시비비의 대상이 되고, 선악이나 진위의 판단 기준으로 전락하고 맙니다. 진리를 어떤 개념에 묶은 채로 진리라고 떠받드는 순간, 인식은 그 개념의 틀에 갇히고 맙니다. 그러다가 반야가 하나의 추구 대상이 되고, 열반도 하나의 추구 대상이 되어, 좁디 좁은 목표로 전락하고 마는 것입니다.

반야나 열반이 좁은 목표가 되어 버리면, 건너가기도 특정한 목표를 향하게 됩니다. 그리하면 오히려 반야나 열반에서 크게 멀어지는 꼴이 된다는 것입니다. 플라톤의 《국가론》에 들어있는 이론을 실행의 목표로 삼으면, 철학적인 태도나 활동과는 오히려 멀어져버리는 것과 같습니다. 그러면, 이론의 생산자가 되기는 정말 어려워집니다.

우리는 일상생활 속에서도 자그마한 깨달음의 순간들을 만나곤 합니다. 그런 깨달음들의 순간에 빛처럼 등장하는 것이 바로 '창의성'입니다. 창의성을 통해서 우리는 새로운 세계로 들어섭니다.

단적인 예로 스마트폰을 들 수 있겠습니다. 스마트폰은 MP3의 정체성과 휴대전화의 정체성을 고집하지 않고 서로 연결하여, 이전에 없던 전혀 새로운 형태의 통신기기입니다. 스마트폰은 습관적인 태도와 관념 하에서는 한 번도 예측되지 못했었습니다. 다시 말해, 창의성의 산물이라 할 수 있습니다.

그럼 무엇이 MP3와 휴대전화를 연결 짓게 했을까요? 기존의 MP3에 대한 지식 혹은 휴대전화에 대한 지식이 이것을 연결하게 한 것일까요? 그렇지 않습니다. 이것은 전혀 다른 차원의 활동성입니다. MP3에 대한 지식도 벗어나고, 휴대전화에 대한 지식 내용도 벗어난 상태에서 일어나는, 어떤 묘한 운동입니다.

우리가 익숙한 세계를 벗어나서 전혀 다른 새로운 세계로 건너가려 할 때, 이 세계나 저 세계에 대한 지적 이해가 관건인 것은 아닙니다. 두 세계에 대한 지식은 오히려 방해되기도 합니다. 기존의 이해나 지식을 무력화시킬 수 있는 어떤 묘한 내면의 동작과 행위가 필요합니다.

자유, 열반, 해탈……. 이런 것들은 모두 정해진 곳에서 이탈하는 것입니다. 정해진 세계가 구축해놓은 것과는 전혀 다른 맥락을 조성하는 일입니다. 우리에게 익숙한 지적 이해……. 이런 것들과는 전혀 다릅니다.

《반야심경》에서는 바라밀다, 즉 건너가기의 목적지는 어떤 내용으로도 정하지 않습니다. 불교에서는 불법을 향한 건너감이라고 하고 싶을지도 모르겠지만, 바라밀다라는 개념에 어디로 건너간다는 내용은 없습니다. 목적지는 없습니다. 동작, 오로지 동작만 있습니다. 건너가는 동작만 있습니다. 이와 달리 목적지가 어디이고, 그 목적지는 어떻게 되어 있는지를 정해놓은 가르침이라면, "붓다를 만나면 붓다를 죽이고, 조사를 만나면 조사를 죽이라"하는 무한 부정은 애초에 나올 수 없겠지요.

아무런 내용 없이 극단적으로 형식화된 동작만 남기는 것, 극단적으로 형식화된 동작만 반복하는 것, 이것이 수행입니다. 그런데, 아무런 내용의 규제 없이 극단적으로 형식화된 반복은, 얼핏 생각할 때 똑똑한 사람은 왠지 잘하지 못할 것 같기도 합니다. 하지만 이는 똑똑함에 대한 관념의 문제일 뿐입니다.

지금 한국 사회에서 똑똑하다는 것은 이미 존재하는 지

적 체계에 반응하는 능력을 뜻합니다. 한국 사회에서는 대답 잘하는 사람을 똑똑하다 하고, 자꾸 질문하는 사람을 이상하게 보기도 하는 현상이 있습니다. 아직 지식 생산국이 아니라 지식 수입국이니까, 아무래도 대답에 더 기울어지게 되어 있습니다. 하지만 어떤 영역이든지 생산은 질문에서만 나옵니다. 그러니 전혀 새로운 차원을 도모할 때는 기존의 지식에 푹 빠져 있는 똑똑함보다는 어딘지 모를 황당무계함이 오히려 더 적합할지도 모릅니다.

지식의 틀에 깊게 빠진 사람에게는 고도로 형식화된 동작을 반복하는 일이 지겹게 느껴질 수 있습니다. 그런 사람에게 '내용 없는 형식의 반복'은 편안함과 믿음을 줬던 정해진 내용이 보이지 않으니 지적인 활동을 하는 느낌을 주기 어려울 것이기 때문입니다. 주입식 교육에 익숙한 사람에게 갑자기 혼자 생각해보라고 하면, 아무래도 힘들어하지 않겠습니까.

이럴 때 오히려 기존 지식의 지도를 무시하는, 특별한 태도가 필요해집니다. 바로 지혜나 반야를 부정해버리는 태도 말입니다. 이런 맥락에서 지혜도 부정되고 반야도 부정되는 것이죠. 반야를 어떤 개념으로 규정하는 순간, 그 반야는 바로 그 의미에 갇혀서 진정한 의미의 반야이기 어렵게 됩니다. 반야라는 높은 차원의 지혜가 동작으로만 있어야 하는 이유입니다. 그 동작이 '건너가기'입니다.

지혜는 지혜로 있지 않고, 건너가는 동작으로 있습니다. 그러니 무득無得, 즉 얻을 것도 없습니다. 세계가 무소득고, 즉 얻을 것이 없게 되어 있다는 말은 이런 뜻입니다. 앞에서 다른 내용과 연결한다면, 바로 무소유無所有라는 말입니다. 소유란 세계를 자신이 원하는 내용으로 정하는 일이지요. 세계의 존재 형식이 무소득고이고 무소유입니다. 열반도 특정한 내용으로 규정되지 않습니다. 반야도 특정한 내용으로 규정될 수 없습니다.

반야가 되었든 열반이 되었든, 그것을 관념화하고 개념화해서 하나의 틀로 정하면 반야도 열반도 그것으로 끝입니다. 그저 무한한 건너가기와 무한한 부정만이 있을 뿐입니다.

무한한 건너가기와 무한한 부정의 과정에서 등장하는 새로운 자기, 참된 자기를 기다리는 일이 지혜의 궁극이라고 말합니다. 그것이 무지역무득 이무소득고입니다.

나는 아무것도 바라지 않는다

菩提薩埵 依般若波羅蜜多故 心無罣礙

보리살타 의반야바라밀다고 심무가애

보리살타는 반야바라밀다에 의존하여, 마음에 걸림이 없다.

無罣礙故 無有恐怖 遠離顚倒夢想 究竟涅槃

무가애고 무유공포 원리전도몽상 구경열반

걸림이 없으므로 두려움도 없어서,

뒤바뀐 헛된 생각을 멀리 떠나 완전한 열반에 들어간다.

보리살타를 줄여서 보살이라고 합니다. 보살은 혼자 깨닫기보다는 자신의 깨달음으로 중생들도 깨닫게 해주겠다는 하화중생下化衆生의 대발원으로 삽니다. 보살은 대승 운동이 일어난 후, 공의 논리를 체현한 이상적인 형상의 대승적 구도자입니다. 이 구절 이전에는 계속 오온개공을 다양한 방식으로 설하였습니다. 바로 앞에서는 오온개공을 체득한 인식과 수행마저도 오온개공의 이치에서 벗어나, 하나의 상으로 고정되는 것을 걱정하는 말들을 하였습니다.

보리살타 의반야바라밀다고 심무가애菩提薩埵 依般若波羅蜜多故 心無罣礙. 보리살타는 전적으로 반야바라밀다에 의존하기 때문에, 마음에 걸림이나 장애가 없습니다. 무가애고 무유공포無罣礙故 無有恐怖. 마음에 걸림이 없으니 두려움이 없습니다. 이 대목을 읽을 때는 여러분도 《그리스인 조르바》를 쓴 작가 니코스 카잔차키스의 묘비명이 떠오르실지 모르겠습니다. "나는 아무것도 바라지 않는다. 나는 아무것도 두렵지 않다. 나는 자유다." 아무것도 바라지 않기 때문에 두려울 일이 없습니다. 두려움이 사라지니, 당연히 자유로워집니다.

마음속에 걸림이 있는 것, 그것이 흔히들 말하는 두려움입니다. 두려움은 대개 마음속에 상을 가지면서 시작되지요. 정해진 마음이 기준으로 자리 잡으면, 즉 상을 지으면 걱정과 두려움이 따라올 수밖에 없습니다.

자식이 의사가 되면 좋겠다는 바람이 상으로 자리해 마음에 걸리면, 그것이 아이를 판단하는 가장 중요한 기준이 됩니다. 아이의 행동 하나하나가 그 기준에 맞는지 안 맞는지 자세히 살피게 되고, 혹시라도 의사가 되지 못하면 어떻게 하나 하고 전전긍긍합니다. 내 아이가 의사가 되면 좋겠다는 바람이 마음에 계속 걸려 있으면, 걱정과 두려움을 갖지 않을 수 없습니다.

'바람직한 것', '해야 하는 것', '좋은 것'이 마음에 자리를 잡으면, 두려움에서 헤어나기 어렵습니다. '바라는 것', '하고 싶은 것', '좋아하는 것'을 하면, 걱정과 두려움이 없어지거나 대폭 줄어듭니다. 부모의 선의가 마음의 걸림이 되고,

이것이 두려움으로 바뀌니, 부모 자식의 관계가 왜곡되지 않을 수 없습니다. 두려움으로 인해 왜곡이 시작되고, 이어 갈등이 생깁니다. 이 갈등이 없다면, 그 아이가 의사로 자라지 않을 수는 있지만 대신 훨씬 자유롭고 큰 성취를 이룰 가능성이 커집니다. 자유롭지 않으면서 크고 굵은 인재로 성장하기는 어렵습니다. 반야바라밀다에 의지하면 마음속에 걸린 빗장처럼 장애가 되는 그 어떤 것도 없습니다. 그러하니 두려움도 없습니다.

원리전도몽상 구경열반遠離顚倒夢想 究竟涅槃. 보살은 반야바라밀다에 의존하므로, 거꾸로 뒤집힌 몽상을 완전히 벗어날 수 있습니다. 전도몽상顚倒夢想은 사물을 바르게 보지 못하고 거꾸로 본다는 뜻인데, 반야바라밀다를 믿고 따르면, 세상을 바르게 보지 못하고 거꾸로 보는 상태에서 멀리 벗어날 수 있습니다. 세계는 세계 자체로 존재합니다. 이 세계를 텃밭으로 삼아, 거기서 지식, 이론, 이데올로기, 철학이 태어납니다.

그런데 사람들은 세계는 보지 않고, 이데올로기만을 봅니다. 세계는 보지 않고, 지식만을 봅니다. 이렇게 되면 주객이 전도되어 이데올로기에 세계를 맞추려 하고, 이론에 세계를 맞추려 합니다. 이데올로기의 틀 안으로 변화무쌍한 세계를 억지로 구겨 넣으려 하고, 이론의 틀 안으로 울퉁불퉁한 세계를 억지로 구겨 넣습니다. 이론이나 이데올로기가 형성될 때의 세계와 그 이론과 이데올로기를 적용할 때의 세계는 전혀 다른 세계인데, 과거의 이론과 이데올로기에 갇혀 빠져나오지 못하고 그것들을 고집하는 형국이 전도몽상입니다.

전도몽상에 빠지면, 이미 굳을 대로 굳은 이론과 이데올로기가 세계보다 우위에 있다고 생각하고, 굳은 이론과 이데올로기를 가지고 변화무쌍한 세계를 통제하려 합니다. 이렇게 되고 나면 세계를 봐야 하는 대로 볼 뿐, 보여주는 대로 볼 수는 없습니다. 그러면, 효율적이기 어렵습니다.

지혜가 높아진 이들은 특정한 의미로 정해진 관념을 세계에 억지로 부가하려 하지 않습니다. 그것이 효율적이지도 않고 생산적이지도 않다는 것을 알기 때문입니다. 문제를 해결하려고 발버둥 치면서, 정해진 기존 관념으로부터는 그저 힌트를 얻을 뿐입니다. 지혜롭지 않은 사람은 정해진 관념을 그대로 세계에 구현하려고 합니다. 이것을 소유적 태도라고 했지요. 이것도 전도몽상의 일종입니다. 이렇게 하지 않는 것을 무소유라고 합니다.

있는 그대로의 세계를 바로 보고 그것을 살아내려는 태도 그 자체가 반야의 지혜입니다. 세계 변화는 아랑곳하지 않고, 특정한 이념과 신념을 고집하며 사는 태도는 지혜롭지 않습니다. 정해진 이념이나 신념을 적용하는 데에는 굳이 생각하는 수고를 기울일 필요가 없습니다. 그저 눈에 핏발을 세우고 주먹을 쥔 채 팔뚝만 휘두르면 됩니다. 아주 쉽습니다. 정말 어렵고 힘든 일은 세계를 자세히 관찰하고 생각하며 사는 삶입니다. 지혜로운 삶을 살기 위해서는 생각하는 수고를 해야 합니다. 지혜로운 삶은 그래서 누구에게나 가능한 것이 아닙니다.

우리는 역사 속에서 자기의 생각으로 살아본 적이 거의 없고, 다른 나라가 먼저 한 생각의 결과를 따라 하는 삶을 오래 살았습니다. 이를 두고 신채호 선생께서 이렇게 말씀하신 적이 있습니다. "우리 조선은 석가가 들어오면 조선의 석가가 되지 않고 석가의 조선이 되며, 공자가 들어오면 조선의 공자가 되지 않고 공자의 조선이 되며 주희가 들어와도 조선의 주희가 되지 않고 주희의 조선이 되려 한다. 그리하여 도덕과 주의를 위하는 조선은 있고 조선을 위하는 도덕과 주의는 없다. 이것이 조선의 특색이냐. 이것이 조선의 특색이라면 노예의 특색이다. 나는 조선의 도덕과 조선의 주의를 위해 통곡하려 한다."

안타깝게도 우리는 아직 신채호 선생의 통곡에서 벗어나지 못한 것 같습니다. 칼 마르크스가 이 땅에 들어오면 대한민국의 칼 마르크스가 되어야 하는데, 왜 칼 마르크스의 조선이 되려 할까요. 우리가 아직 지혜롭지 않기 때문입니다. 생각하는 수고를 포기했기 때문입니다.

다른 말로 하면, 이 세계가 공이라는 것을 철저히 알지 못하기 때문입니다. 세계가 공이라는 것을 아는 사람은 특정한 신념이나 이념이 무상無常하고 본무자성임을 알기 때문에 거기에 맹목적으로 빠지지 않습니다.

천상천하 유아독존에 가까운 사람은 외부에서 들어온 신념이나 이념이 자신을 휘어잡도록 허락하지 않고, 진실한 자신을 그 모습 그대로 지켜냅니다. 이 세계가 공임을 아는 사람은 신념이나 이념에 휘둘리지 않고, 자신이 그것들을 지배하여 자유자재로 다룰 수 있습니다. 그렇게 하면, 건너가기를 할 수 있습니다.

마음속에 걸어둔 빗장들, 이를테면 정해진 마음에 갇히거나, 현실보다 이념을 중시하는 태도를 지키거나, 자신만의 확신을 고집하는 등의 빗장을 풀지 않으면 두려워집니다. 전도몽상에 빠집니다. 반야바라밀다에 의지하면, 즉 건너가려 한다면 마음속에 빗장이 풀립니다. 마음속에 빗장을 풀면, 두려움이 없어집니다. 두려움이 없으면, 전도몽상에 빠지지 않습니다. 그렇게 열반에 이를 수 있습니다.

무상정등각

三世諸佛 依般若波羅蜜多 故得阿耨多羅三藐三菩提

삼세제불 의반야바라밀다 고득아뇩다라삼먁삼보리

과거, 현재, 미래의 모든 붓다, 즉 깨달은 자들은

반야바라밀다에 의존하기 때문에 가장 높은 깨달음을 얻는다.

삼세제불 의반야바라밀다 고득아뇩다라삼먁삼보리三世諸佛 依般若波羅蜜多 故得阿耨多羅三藐三菩提, '과거, 현재, 미래의 모든 붓다, 즉 깨달은 자들은 반야바라밀다에 의존하기 때문에 가장 높은 깨달음을 얻는다'라고 합니다.

아뇩다라삼먁삼보리故得阿耨多羅三藐三菩提는 산스크리스트어의 음역입니다. '아'는 '없다'라는 의미이고, '뇩다라'는 '위'를 의미하며, '삼먁'은 '바르다, 원만하다'는 의미입니다. '삼보리'는 '깨닫는다'라는 말이고요. 한자로 그 의미를 옮기면 무상정등각無上正等覺, 즉 더 높은 것이 없는 최고의 원만한 깨달음이라 할 수 있습니다.

무상정등각이라는 말을 할 때면, 저는 무등산無等山이 떠오릅니다. '무등'은 어떤 기준을 적용해서 1등이니 2등이니 나누는 등等 자체가 없다는 뜻입니다. 그래서 무등산은 비교를 거부하는 성격을 가진 산이기도 합니다. 더 높은 산, 더 큰 산, 더 아름다운 산 등 상대적 우위를 무등산에 가져다 대는 것은 적절치 않습니다. 그러니 아뇩다라삼먁삼보리의 의미를 살려 번역하자면, 무등각無等覺이 될 것입니다. 비교 속에서 가장 높은 깨달음이 아니라, 비교를 시도하지도 않는 가장 수준 높은 깨달음을 뜻합니다.

비교하기 위해서 만들어진 기준은 자기 혼자만의 것이 아닙니다. 비교하려면, 비교를 위한 대조군이 필요합니다. 비교에 빠지면, 동의가 되었든 비난이 되었든 다른 사람들의 반응에 매우 깊이 좌우될 수밖에 없습니다. 당연히 박수를 받으려고 애를 쓰게 되지요. 그러다 보면, 자그마한 박수 소리에도 쉽게 넋을 놓게 됩니다. 비교의 구조 속에서 조금이라도 더 박수를 받으려고 애쓰는 삶으로 구조화됩니다. 그런 삶을 사는 자신을 가엽게 여기고 힘들어하면서도 결국은 벗어나지 못합니다. 이것도 전도몽상의 한 형태입니다.

그러므로 원리전도몽상遠離顚倒夢想하기 위해서는 용기가 필요합니다. 어떤 '주의'를 공유하는 집단에서 이탈해야 하기 때문입니다. 이탈하려는 용기가 없으면 계속 함께 공유하는 전도몽상을 진리로 간주하면서, 그것이 삶의 전부인 줄 알고 삽니다. 타인의 고삐를 내 것으로 착각하기도 하고 심지어는 내 고삐를 타인이 쥐어주는 대로 살 수밖에 없다는 말입니다.

무상정등각은 어떤 내용으로 규정되거나 정의를 내릴 수 있는 깨달음이 아닙니다. 무상정등각이라는 이름만 붙은, 내용이 없는 경지입니다. 형식으로만 있습니다. '건너가기'가 행위만 있지, 어떤 내용으로 규정되거나 정의 내려지지 않는 것과 같습니다. 따라서 이 경지는 사람마다 다 다릅니다.

내용이 정해져 있으면, 모두가 똑같은 노선과 내용을 습득해야 합니다. 하지만 형식만 있으니, 내용은 자기 내면에서 길어 올리면 됩니다.

헤르만 헤세의 말이 떠 오릅니다. "내 안에서 솟아나는 것, 그것을 살아보려 했다. 그것이 왜 그토록 어려웠을까." '내 안에서 솟아나는 것'은 형식입니다. 채워지는 내용은 사람마다 모두 다릅니다. 만약, 어떤 특정한 내용으로 정해지면, 그것은 모든 사람에게 똑같은 것이 되어버리고 맙니다. 그러면, 탁월함의 원천인 고유함은 사라집니다. 무상정등각도 형식입니다. 건너가기가 활동의 형식으로만 있고, '내 안에서 솟아나는 것'이 형식으로만 있는 것과 같습니다.

무상정등각이 형식으로만 있는 것은 오온개공이어서 본무자성이기 때문이기도 합니다. 그 깨달음의 내용은 고유한 각자에게만 있고, 각자의 고유함 속에서만 정당화됩니다. 그리고 역설적으로 이 고유함은 자기에게만 있기에 보편성을 획득합니다. 이것이 바로 고유함의 힘입니다.

형식과 활동으로만 있으니, 어떠한 내용으로 규정되지 않습니다. 특정한 내용으로 규정되면, 그 내용에 갇혀서 폐쇄적이게 됩니다. 형식으로만 있으면, 어떤 내용에도 개방적입니다. 고유함은 개방성의 조건으로 해 드러납니다. 그래서 천상천하 유아독존도 하늘과 땅 사이에서 나만 존귀하다는 말이 아니라, 자신만의 고유한 내용을 바라밀다의 형식에 담아 나만의 길을 열어가는 사람이 가장 존귀한 자라는 뜻이 됩니다.

특정한 이념을 공유하는 집단 속에서, 하나의 기준을 공유하면서 상대적 우위의 인정을 갈구하는 자가 아니라, 결국 고독하게 혼자 서있는 자가 천상천하 유아독존에 가깝습니다. 이 경지에 이르기 위해서 가져야 할 지혜가 바로 반야지이고, 반야지는 바라밀다, 즉 건너가기입니다.

불가능을 건너는 주문

故知 般若波羅蜜多 是大神呪 是大明呪
고지 반야바라밀다 시대신주 시대명주
是無上呪 是無等等呪 能除一切苦 眞實不虛
시무상주 시무등등주 능제일체고 진실불허

반야바라밀다는 매우 신령스럽고, 매우 분명하고,
비교할 바 없이 가장 높은 주문이니,
모든 고통을 없애준다. 이는 헛되지 않은 진실이다.

故說 般若波羅蜜多呪 卽說呪曰
고설 반야바라밀다주 즉설주왈

그러므로 반야바라밀다의 주문을 말해보자면, 다음과 같다.

揭諦揭諦 波羅揭諦 波羅僧揭諦 菩提 娑婆訶
아제아제 바라아제 바라승아제 모지 사바하

건너가세, 건너가세, 저기로 건너가세.
저기로 다 함께 건너가세. 깨달음이여, 만세!

고지 반야바라밀다 시대신주 시대명주 시무상주 시무등등주故知 般若波羅蜜多 是大神呪 是大明呪 是無上呪 是無等等呪는 앞서 한 모든 이야기를 총결해서 보면, '반야바라밀다가 매우 신령스러운 주문이고, 매우 분명한 주문이고, 다른 것과 비교할 수 없을 정도로 가장 높은 주문임을 알 수 있다'라는 뜻입니다.

이 구절에서 저는 주呪라는 글자를 핵심으로 봅니다. 주문呪文은 주술적인 힘을 발휘하는 문장, 마법을 거는 문장입니다. 그 문장을 외거나 말하면 보통 일어나기 힘든 일도 일어나게 합니다. 반야바라밀다가 바로 그렇다는 것입니다. 마법을 걸어 주술적인 능력을 발휘할 정도로 힘이 있다는 뜻입니다.

마법을 걸면 어떻게 될까요? 능제일체고能除一切苦, 즉 모든 고통을 제거할 수 있습니다. 이어서 진실불허眞實不虛, 즉 이런 말은 진실하며 헛되지 않습니다.

《반야심경》의 첫 대목에서 이미 반야바라밀다를 깊이

행하여 세계가 모두 공하다는 것을 알면, 모든 고통에서 벗어날 수 있다고 말했습니다. 그런데 여기서는 고통에서 벗어나는 정도가 아니라, 제거할 수 있다고 합니다. 경의 마지막에 이르러서는 그 능력이 마법으로 고통을 제거하는 수준까지 커졌습니다.

전체적으로 《반야바라밀다심경》은 마법을 부릴 수 있는 경전이고, 이 경전의 내용은 빈말이 아니며 매우 진실하다는 것을 강조합니다. 바라밀다를 주문처럼 외면, 일체의 고통을 제거할 수 있는 능력도 보여준다는 것입니다.

붓다의 고삐는 바로 '세상의 모든 고통을 없애주겠다'는 것이었습니다. 그런데 당신이 반야바라밀다를 이해하고, 깊이 실천하면, 일체의 고통을 제거하는 마법을 부릴 것이다……. '세상의 모든 고통을 없애주는' 붓다의 능력이 여기서 발휘됩니다. 반야바라밀다에 철저하여 고통을 제거하는 마법을 부리는 자가 곧 붓다입니다. 결론 부분에서, 《반야심경》은 '반야바라밀다를 철저히 수행하는 당신이 바로 붓다'라고 알려주는 것입니다.

고설 반야바라밀다주 즉설주왈故說 般若波羅蜜多呪 卽說呪曰, '그러므로 반야바라밀다의 주문을 말해보자면, 다음과 같다'라고 하면서 주문을 세 번 말합니다. 의미를 전하는 것이 목적이라면 한 줄로만 마무리해도 될 텐데, 세 번이나 이어서 읊습니다.

이는 '반복'을 강조하기 위함이 아닌가 합니다. 최소한 세 번을 말함으로써, 반복하여 리듬감 있게 지속해야 주문에 담긴 마법이 실행된다는 것을 말하기 위함인 듯합니다. 반복은 차이를 만들어내고, 지속은 수월성을 만들어냅니다. 실천에는 리듬감 있는 반복과 지속이 핵심입니다.

"아제아제 바라아제 바라승아제 모지 사바하
揭諦揭諦 波羅揭諦 波羅僧揭諦 菩提 娑婆訶"
"아제아제 바라아제 바라승아제 모지 사바하
揭諦揭諦 波羅揭諦 波羅僧揭諦 菩提 娑婆訶"
"아제아제 바라아제 바라승아제 모지 사바하
揭諦揭諦 波羅揭諦 波羅僧揭諦 菩提 娑婆訶"

제일 앞부분에서 세계의 모든 것이 공임을 제대로 알면, 일체의 고통을 벗어날 수 있다고 했습니다. 그리고 이제는 바라밀다를 내면화하여 자기 것으로 만들면, 건너가는 것을 넘어 모든 고통을 제거할 수 있다고 합니다. 그 능력을 일상화하고 실천을 지속하는 방법이 바로 이 주문을 반복해 말하는 것이라 하면서 말입니다.

아제아제 바라아제 바라승아제 모지 사바하, 이 주문은 산스크리스트어의 음역입니다. 그래서 다양한 독법이 있습니다만, 그 의미는 모두 같습니다. '아제'는 '건너간다'라는 의미입니다. 다만 혹자는 아제를 '피안으로 건너간 자' 혹은 '붓다'라 해석해 칭송의 의미로 번역하고 쓰기도 합니다. 하지만 저는 《반야심경》이 '건너가기'를 말하는 경전이지, 건너가서 도달한 '그곳'을 말하는 경전이 아니라고 봅니다.

'그곳'이 있다는 것은 목적지가 있다는 의미이고, 그곳에 도달한 누군가를 특별한 인격으로 형상화할 수 있다는 의미일 수 있습니다. 이것은 앞서 살핀 대승의 이념에 맞지 않습니다. 그래서 저는 이 부분을 칭송이나 숭배의 의미를 담은 구문으로 보지 않습니다. 건너가기에는 형식만 있고 내용은 없습니다.

건너가기를 완성한 누군가를 칭송하고 숭배하려는 목적이 아닐 것입니다. 건너가기로 도달한 '그곳'을 이상화하는 의미도 없다고 봅니다. 그러니 아제를 칭송의 의미로 읽기보다는, 건너가기의 의미로 읽습니다. 거듭 강조하되 《반야심경》의 핵심은 건너가기 그 자체입니다. 건너가기를 행하는 주체로서의 '나'가 건너가기를 부단히 실천해야 한다는 것이 《반야심경》의 핵심입니다.

그래서 아제를 숭배의 의미로 읽지 않습니다. 아제로 시작하는 구문도 내가 나에게 건너가기를 독려하는 주문으로 읽습니다. 내가 나에게 건너가기를 약속하는 주문으로 읽습니다. 건너가기를 한다는 내가 게을러지지 않도록 감독하는 주문으로 읽습니다.

주문은 마법을 부릅니다. 주술적인 힘이 있습니다. 지금 맥락에서 주술적인 힘이란, 노력에 따라 어느 순간에 익숙한 '이곳'에서 낯선 '저곳'으로 건너가지는 축복이자 행운이 일어나는 것입니다.

그러니 주술적인 힘이 상상을 초월하는 이적異蹟을 말하는 것이 아니라, 부단한 번민과 고통을 자초하며 어디론가 자신을 건너가게 하는 이 쉼 없는 노력이, 자신에게 알 수 없는 능력을 준다는 뜻입니다. 그러니 건너가기를 하려는 큰마음을 내고, 그 큰마음을 잃지 않고 계속 추구하면, 기어코 건너가게 됩니다. 큰마음으로 품은 희망과 분투와 노력을 자신에게 약속하는 행위가 바로 '주문'입니다. 자기가 자기에게 하는 진실한 약속은 지켜집니다.

주문은 초월적인 존재에게 무언가를 요청하는 행위가 아닙니다. 주문은 그 주문을 외는 바로 그 사람에게 마법을 부립니다. 주문을 외는 사람이 그 마법을 완성합니다. 특정한 시간에, 헤아릴 수 없을 만큼 다양한 바람 가운데 특별한 한 바람을 선택하여, 다른 일을 하지 않고 바로 내가 나에게 한 약속을 온 마음으로 반복해서 외운다는 것. 이 행위의 반복은 그 약속 자체를 매우 특별하게 만듭니다. 주문을 외는 행위는 고유함과 특별함으로 가득 찬 진실입니다. 진실하면, 실현되지 않을 수가 없습니다.

무언가를 이해하고 인식하는 것과 그것을 실천하는 것 사이에는 큰 골이 있습니다. 둘은 아주 다른 영역입니다. 공을 이해하는 일과 공의 논리대로 사는 것 사이에도 큰 골이 있습니다. 《반야심경》에서 이 주문이 나오기 전까지가 공을 이해하는 과정이었다면, 이 주문은 반야바라밀다를 자신의 삶에서 구현하려는 의지를 천명한다고 볼 수 있습니다. 반야바라밀다를 이해하는 일과 그것을 실천하는 일 사이에 있는 큰 골을 메우는 일이기 때문입니다.

이해와 인식을 실천과 삶으로 구현한다는 것은 쉽지 않습니다. 일반적으로는 거의 불가능에 가깝습니다. 앎과 이해가 실천의 단계까지 내려오려면, 거기에 자기 전체가 반응하는 특별한 울림을 경험해야 합니다. 그것을 우리는 '감동'이라고 하는데, 감동은 이해와 인식의 차원과 다른 방식의 반복적인 자극으로 만들어집니다. 그것을 여기서는 주문이라고 하는 것입니다.

이 주문은 한 번으로 효험이 있지 않습니다. 내가 나와 하는 약속인 주문을 계속 다시 걸고, 다시 걸고, 다시 거는 수밖에 없습니다. 반복은 리듬이고, 리듬에는 감동을 일으키는 힘이 있습니다. 반복하고, 반복하면, 감동이 일어나고, 감동이 일어나면 변화가 일어납니다.

'바라'는 '저기'입니다. 그러니 '바라아제'는 '저기로 건너간다'가 됩니다. 자기를 꼭 붙들고 있는 정해진 마음이나, 굳어버린 신념 등은 다 '이곳'으로 수렴됩니다. 지금의 내가 '이곳'에서 벗어나 '저곳'으로 건너가면서 나는 나 이상이 됩니다. 나 이상이 되어가는 건너가기가 계속 진행되면서 열반의 경지에 이르는 것입니다.

'승'은 총괄의 표현인데, 보살행의 의미를 살려 '다 함께'라 읽을 수 있습니다. 그러니 '바라승아제'는 '다 함께 건너가세'가 됩니다.

마지막의 '모지 사바하'는 '보리 스바하'나 '보리 사바하'

로 읽기도 합니다. 모지, 즉 보리는 깨달음을 뜻하고, 사바하 혹은 스바하는 감탄사입니다. 즉 다 함께 건너간 뒤 '이것이 깨달음의 세계구나, 건너가는 세계구나'라며 감탄하는 것입니다. 그러니 저는 이 마법의 주문을 "건너가세, 건너가세, 저기로 건너가세. 저기로 다 함께 건너가세. 깨달음이여, 만세!"로 번역합니다.

나오며

경전을 족쇄 아닌 등불로 삼길

《반야심경》은 붓다가 직접 쓴 경전이 아닙니다. 오늘날에 이르러서는 누가 썼는지 알지 못합니다. 하지만 불교의 교리를 담은 핵심적인 경전이란 것은 분명합니다. 그러면 붓다가 어떻게 《반야심경》의 핵심이 될 만한 내용을 설파하고 다닐 수 있었을까요? 이를 알기 위해서는 붓다의 카리스마 혹은 그를 향해 존경심이나 숭배를 부르는 내면의 힘이 어디서 연유하게 되었는가 하는 것에 주목해볼 필요가 있습니다.

모두가 아시다시피 붓다에게는 출가 이전에 고타마 싯다르타라는 이름이 있었습니다. 왕자로 태어났고요. 16세에 결혼도 했습니다. 그리고 29세에 출가합니다. 29세 때 속세의 모든 부귀영화를 손에서 내려놓고 궁 밖으로 나가죠. 그러고는 35세에 깨달음을 얻습니다. 놀랍지 않습니까. 35세에 깨달음을 얻다니요. 35세에 깨달음을 얻고 80세에 이르기까지 45년간 설법을 합니다. 여든에 열반에 이르게 되고요.

이 글을 읽고 있는 여러분은 지금 나이가 어떻게 되시나요. 이 글을 쓰고 있는 저는 지금 환갑, 예순의 나이를 넘고도 5년이나 지났습니다. 그런데 저는 이 나이에 무얼 하고 있는가 보면, 그분이 남긴 글자들만 들여다보고 있는 모양새입니다. 붓다는 29세 때 출가하여 6년간 수행의 길을 걷다가 35세에 깨달음에 이르렀는데 말이지요.

6년입니다. 붓다가 깨달음에 이르기까지 필요했던 시간 말입니다. 이에 반해 저는 붓다의 말씀을 스무 살 때부터 공부하기 시작해서 40년이 지난 지금도 여전히 공부하는 중이지요. 여러분은 어떠신가요. 저는 예순을 넘어서도 기껏해야 그분이 남긴 말씀이나 그 말씀을 또 다른 사람들이 풀어놓은 글들, 그것들을 붙들고 이리 씨름하고 저리 씨름하는 중입니다. 그러는 와중에도 이해의 지평이 조금이라도 넓어지는 순간이면 그것에서 커다란 기쁨을 느끼는, 작디작고도 얕디얕은 인간이지요.

그렇기에 우리는 어떤 것이든, 경전을 읽을 때면 무엇보다 먼저 열등감을 느껴야만 합니다. 질투를 느껴야만 합니다. 고타마 싯다르타라는 한 명의 인간이 서른다섯의 나이에 깨달음을 얻고서 남긴 부산물의 기록을 이리 만지고 저리 만지고 주섬주섬하고……. 그 주섬주섬에 남들보다 조금 더 열심히 시간을 많이 쓴 사람이 바로 저 같은 사람들일 뿐이고요.

그런데 이렇게 경전을 더 열심히 읽고 시간을 많이 쏟은 사람일수록 함정에 빠지기 쉽습니다. 공부를 계속하고 성실하게 사는 태도를 띠는 사람일수록 경전 자체에 매몰되어 경전의 가장 충직한 종이 되는 경우가 왕왕 있습니다. 이들의 무리에서는 충성도가 센 종일수록 더욱 인정받습니다. 하지만 경전 자체에 매몰되면 안 됩니다. 이야기의 시작에서 말고삐에 관해 논했었지요. 다시 말고삐 이야기로 돌아가 봅시다. 《반야심경》을 비롯한 어떤 경전이든 책이든, 무언가를 읽을 때는 그 책이 어떤 연유에서 쓰였는가, 어떤 고삐를 잡은 사람이 내놨는가, 어떤 능력을 바탕으로 탄생했는가 하는 것을 잘 알아야 합니다. 그렇지 않으면 경전은 오히려 족쇄가 되기 쉽습니다.

우선 내 고삐는 도대체 무엇인지 고민해야 합니다. 고삐라는 화두를 놓치면 안 됩니다. 자기 고삐를 찾는 일은 잊어버린 채, 남이 찾아놓은 고삐만 죽어라 쫓아다니면서 스스로 괜찮게 사는 것 같다는 착각에 빠지면 안 됩니다. 되레 이보다 바보 같은 일을 찾기가 어렵지요. 그러면 어떤 경전을 읽어도 진보가 없습니다. 쌓인 글자 수, 넘긴 페이지 수가 늘어난다고 진보가 진실해지는 것은 아니기 때문입니다. 삶은 답답하고 우왕좌왕하고 행복하지도 않고 빛도 보이지 않고 뭐가 뭔지를 알 수가 없게 됩니다.

자기 고삐가 없기 때문이지요. 자기 고삐는 도외시한 채 남의 고삐만 들여다보고 구경하면, 정작 자기가 타는 말이 어디로 가는지는 알기 어렵지요.

자신의 고삐를 제대로 잡고 간 사람들이 남긴 부산물을 보고서 그것이 내 고삐인 걸로 착각하면 인생은 죽을 때까지 답이 없는 미궁으로 남게 됩니다. 남이 어떤 고삐를 잡고 그 고삐를 유려하게 문장으로 풀어낸 것들을 보면 일단 열등감과 질투심을 느끼셔야 합니다. 그리고 내 고삐가 무엇인지를 서둘러 찾아야 합니다. 우리가 경전을 읽는 이유는 종이 되기 위함이 아닙니다. 경전을 읽고서 주인이 되기 위함입니다. 바로 자기 자신의 주인 말입니다.

붓다가 "절에서 스님들과 같이 공양하고 염불하고 경 외우고 불사하는 데 돈 내고……. 그리고 나를 끝까지 숭배하라" 같은 말을 했을 리는 없습니다. 붓다가 설법한 주제는 딱 하나입니다. 우리 각자가 붓다가 되어, 붓다의 마음을 품고, 붓다의 눈으로 세상을 관조하고, 붓다의 수준으로 사는 것이 붓다가 우리에게 진정으로 원하는 것이었습니다. 붓다의 이런 마음과 눈과 수준은 모두 '자비심'에 들어 있습니다. 자비심이 없이 부리는 마음은 오히려 자신과 세상에 해가 될 뿐이라는 말을 하는 것입니다.

세계의 법칙을 밝히는 과학의 발전 역시 항상 이런 식이었습니다. 이전의 사람들이 정해둔 세계의 법칙을 의심하고 깨부수고 건너가는 방식 말입니다. 이를 두고 양자역학을 풀어 설명하기 위해 언급한 물리학자는 과학을 이렇게 정의하기도 하지요. "세계에 대해 다시 생각하기를 두려워하지 않는 것, 그것이 과학의 힘입니다. 아낙시만드로스가 지구를 떠받치고 있던 받침을 없애고, 코페르니쿠스가 지구를 하늘로 띄워 회전시키고, 아인슈타인이 시공간의 경직성을 해체하고, 다윈이 인간의 특별함이라는 환상을 벗겨낸 이래로 세상에 대한 그림은 더 효과적인 형태로 끊임없이 다시 그려져왔습니다. 세계를 근본적으로 재창안하는 용기, 이것이 바로 과학"(《나 없이는 존재하지 않는 세상》, 쌤앤파커스, 95쪽)이라고요.

《반야심경》을 비롯한 모든 경전의 진리성은 과학 법칙의 불변성만큼이나 강하고 보편적입니다. 경전에는 힘이 있다는 말입니다. 그래서 그 오랜 시간을 지나 오늘날까지도 경전이라 불리는 것이고요. 그런데 자신이 단단하지 않으면 경전의 무게를 견디지 못하고 되레 그 경전에 짓눌려 쉽게 굴복하고 맙니다. 그 경전의 무게를 견디지 못한 채 경전의 종으로 살게 되는 것이지요. 반면 경전의 무게를 이겨내면 자기가 자신의 주인으로 살 수 있습니다. 이때 경전의 무게를 이겨낸다는 건 구체적으로 어떤 의미일까요?

맞습니다. 여러 번 이야기한 것처럼 바로 자기만의 고삐를 잡고 있다는 뜻입니다. 그러니까 자신만의 삶의 태도에 관한 이야기이지요. 결국, 자기 마음의 문제라는 말입니다.

경전을 읽을 때는 그 경전을 읽고 자기만의 경전을 마음속에 새로 써보려 해야 합니다. 이것이 경전이 주는 근원적인 힘입니다. 경전의 진정한 역할입니다. 앞으로 나아갈 등불이 되어준다는 말입니다.

경전을 발목에 차는 족쇄로 여기기보다는 앞을 밝혀주는 등불로 삼아야 합니다. 경전에 이 이외의 다른 의미는, 없습니다.

《논어》를 평생 읽는다는 분도 계시고, 《도덕경》을 머리맡에 모시고 매일 읽는다는 분도 계시고, 《반야심경》을 외우는 분도 계십니다. 직접 묻지는 않지만, 그분들께 묻고 싶은 말이 있습니다. 자신을 평생 읽고 계십니까? 자신을 매일 모시고 자신을 매일 읽으십니까? 자신을 외워보신 적은 있으신지요?

공자를 궁금해하고, 노자를 궁금해하고, 붓다를 궁금해하는 분들도 만난 적이 있습니다. 그분들께도 묻고 싶은 말이 있습니다. 자기를 궁금해한 적은 있으신지요? 자기를 읽지 않은 채 읽는 《논어》, 《도덕경》, 《반야심경》은 자신을 지혜롭게 만들지 못합니다. 명품 족쇄일 뿐입니다. 자신을 궁금해하지 않은 채 만나는 공자, 노자, 붓다는 괴팍한 직장 상사나 표정 좋은 채권자에 불과합니다.

공자도, 노자도, 붓다도 모두 자신을 궁금해하던 사람들이었습니다. 경전을 읽고 나서 자신을 궁금해하는 버릇이 생긴다면, 그보다 더 큰 소득은 없을 것입니다.

건너가는 자

2024년 5월 22일 초판 1쇄 | 2024년 10월 7일 13쇄 발행

지은이 최진석
펴낸이 이원주, 최세현 **경영고문** 박시형

책임편집 박현조
기획개발실 강소라, 김유경, 강동욱, 박인애, 류지혜, 이채은, 조아라, 최연서, 고정용
마케팅실 양근모, 권금숙, 양봉호, 이도경 **온라인홍보팀** 신하은, 현나래, 최혜빈
디자인실 진미나, 윤민지, 정은예 **디지털콘텐츠팀** 최은정 **해외기획팀** 우정민, 배혜림
경영지원실 홍성택, 강신우, 김현우, 이윤재 **제작팀** 이진영
펴낸곳 (주)쌤앤파커스 **출판신고** 2006년 9월 25일 제406-2006-000210호
주소 서울시 마포구 월드컵북로 396 누리꿈스퀘어 비즈니스타워 18층
전화 02-6712-9800 **팩스** 02-6712-9810 **이메일** info@smpk.kr

ISBN 979-11-6534-964-6 (03150)